생각하는 대로 된다

기적을 만들어내는 부모의 힘

머리가

아닌

가슴으로

읽고

보기를

.

.

.

사진 • 강원도 횡성군 우천면 일월사 건곤산 풍경

생각하는 대로 된다

기적을 만들어내는 부모의 힘

일월 지음

| 추천의 글 |

전기, 비행기, 전파 발견으로 세상이 살기 좋아진 것같이 지천기 발견으로 가난과 병으로 아프거나 죽는 사람이 없고 미래의 일을 몰라서 답답해하는 사람이 없는 세상이 될 것으로 믿습니다.

일월 선생님께서는 가난한 사람과 시한부 인생을 살며 고통받는 사람을 대상으로 운명 상담을 하시면서 많은 실험과 노력을 하셨고, 그 결과 가난의 원인과 병의 원인이 밝혀졌습니다. 그리고 나날이 새로운 병균과 병자들이 늘어나고 복잡해지는 세상에서 과학 의술로는 못 고치는 병을 고쳐주시고, 치유가 안 되는 병은 없다고 주장하시면서 사람들에게 새 삶과 새 희망을 주셨습니다.

그럼에도 불구하고 처음 보고 듣는 것은 이유 없이 불신하고 비난부터 하는 사람들로부터 선생님께서도 억울한 불신과 비난을 많이 받았다는 사실을 잘 알고 있습니다. 역사적으로 보면 발명가들이나 새로운 길을 개척한 사람들은 그것이 익숙해질 때까지 사람들로부터 많은 비난을 받았던 것이 사실입니다. 그러나 전파가 세상에 나왔을 때 귀신이 곡할 노릇이라고 이상히 여겼던 사람들이 지금은 전파를 더 많은 분야에 이용하고 사람에게 이롭게 하기 위해 애쓰고 있습니다. 이처럼 시간이 지나면 지천기도 세계인들이 좋아하고 스스로 찾고 이용하게 될 것이라고 믿습니다.

그런 의미에서 어떤 비판이나 비난에도 중단하지 않으시고 운명 상담을 지속하시면서 전문의들이 포기한 병자들까지도 포기하지 않으시고 설득하고 이끌어 건강한 삶을 찾아주시는 선생님을 진정 높이 쳐다보고 존경합니다.

각 분야 높은 지위에 계신 분들이 일월 선생님께 고개 숙이고 선생님의 말씀을 많이 따르는 것을 보았는데, 그분들의 추천 글을 마다하시고 세상 등지고 산속에서 한 몸 수행의 길을 가는 저에게 추천 글을 쓸 기회를 주시니 심도 있는 수행을 더욱 열심히 하라는 뜻이라고 생각됩니다.

일월 선생님께서 저를 처음 만나셨을 때 "죽을 때 무엇을 가지고 갈 것인가?" 하고 물으시고 "나를 대신하여 숨 쉬어 줄 사람 없고, 밥을 대신 먹어 줄 사람 없고, 화장실에 대신 가 줄 수 있는 사람 없다."라고 하신 말씀이 스스로 노력하여 완성해야 한다는 것으로 이해하고 있습니다. 세상에 대해, 죽음에 대해 어리석고 무지했던 저에게 죽은 가족들과 대화하는 길을 가르쳐 주셔서 삶을 새롭게 보게 해 주신 것에 대해 감사드립니다.

지천기를 통해 가난과 병으로 고통받는 사람이 없고 모두가 꽃피고 완성하여 잘 사는 세상이 되기를 진심으로 기원합니다. 일월 선생님께서 생각하시고 이루고 싶은 서로 돕고 사는 따뜻한 세상이 되기를 바랍니다. 이 책이 그 초석이 되기를 진심으로 기원합니다.

2013. 지리산 수행자 공명

일월사 '정심성사일체효행'

| 차 례 |

추천의 글 / 6
책을 출간하며 / 14
프롤로그 / 20

1. 새 시대, 새로운 배움
인간 삶에 차이가 나는 원인 / 30
삶에 도움이 되는 배움 / 34
배움이 돈이고 힘이다 / 40
순리 속에 있는 지혜 / 44
수행과 지천기 발견 / 49

2. 지천기 수행의 이해
눈에 안 보이는 것은 원인, 보이는 것은 결과 / 58
생명의 주인은 따로 있다 / 61
소멸하지 않는 마음과 생각 / 64
지천기 수행이란 / 68
약속을 지키지 않는 사람 / 73
체험 · 확인의 중요성 / 79

3. 치유 안 되는 병은 없다
　　병의 원인과 치유 / 88
　　원기충전 방법, 지천기 수행 / 93
　　기적이다! 기적이야! / 97
　　27년 만에 일어난 아들 / 102
　　병자의 생명은 가족에게 달려있다 / 109
　　낙태할 뻔한 아이 / 116
　　산의 명치 자리 / 122

4. 상생과 운이 인생 성공을 이룬다
　　내면의 상극을 상생으로 / 130
　　물과 불이 함께 있으면 / 135
　　왕성한 운, 쇠약한 운 / 145
　　남편의 어려움을 해결해 준 아내 / 150
　　행복의 숫자, 4 / 155

5. 지혜의 눈으로 보면 보인다
　　속마음을 보는 눈 / 162
　　앞일을 아는 지혜 / 166
　　이별 수가 뭡니까? / 169
　　농부는 씨앗이 죽을 땅에 씨앗을 심지 않는다 / 178
　　마음고생 없는 주식 투자 방법 / 183

6. 심는 대로 거둔다

지혜인을 만드는 교육의 길 / 190
갑사에서 만난 청년들 / 195
호흡법처럼 공부하기 / 202
윗물이 맑으면 아랫물이 더러워질 수 없다 / 208

7. 순리 순행 질서

먼저 간 가족과의 대화 / 216
아무도 모르게 주고 떠나라 / 222
미래 세계 종주국 대한민국 / 229
감사함을 모르면 불행하게 된다 / 234
순행 질서 속의 인간 / 239

에필로그 / 244
도움이 되고 기억해야 하는 말 / 252

| 책을 출간하며 |

신비와 기적을 만들어내는 능력 있는 대 도인들은 왜 깊고 깊은 산속에서 꼭꼭 숨어서 살고 있을까? 세상에 나와 사람들과 어울려 살면서 어렵고 힘들게 살아가는 사람들에게 신비와 기적의 능력을 주면 좋지 않을까?

대 도인들이 세상에 나와 살지 않는 첫 번째 이유는 무형과 유형 세계, 두 세계를 다 좋게 할 수 없고, 두 세계를 위해 살 수 없기 때문일 것이다. 무형 세계를 생각하면 유형 세계를 버려야 하고 유형 세계를 생각하면 무형 세계를 버려야 한다. 그러나 유형 세계는 짧고 무형 세계는 영원하므로 그들은 무형 세계를 택했다고 볼 수 있다.

두 번째 이유는 세상에 나와 살려면 세상 사람들이 알지도 보지도 못한 신비와 기적의 능력을 드러내 보이게 되는데 그러면 사람들의 비난과 화살을 받아야 한다. 대 도인들이 알고 있고 가지고 있는 것들은 이 세상에는 없는 기술과 기적의 힘이기 때문이다. 사람들이 알지 못하고 세상에 없는 것을 말하면 사람들로부터 미친 사람, 정신병자, 사기꾼 소리를 들어야 한다. 또 그런 세상 사람들을 이해시키려면 대 도인들은 바보가 되어야 한다.

오늘만 보고 사는 사람과 100년에서 1,000년을 내다보고 사는 사람이 같을 수 없다. 눈에 보이는 것이 최고라고 믿는 사람과 눈에 안 보이는 것이 최고라고 믿는 사람이 같이 살면 서로가 힘들고 고통이 된다. 세상 사람들은 돈, 명예, 권력, 사랑이 중요하다고 생각하고 이것들을 얻기 위해 애쓴다. 그 외의 것은 중요하게 여기지 않고 생각하려 하지 않는다. 그러나 도인들에게는 돈, 권력, 명예와 같이 눈에 보이는 것은 중요하지 않기 때문에 세상 사람들을 만나야 얻고 도움받을 것이 별로 없다.

무형 세계도 유형 세계와 같이 돈과 황금이 필요하다면 그것을 죽을 때 가지고 가려는 마음에서 도인들도 세상에 모습을 드러낼 것이다. 그러나 이 세상의 것이 아무리 좋고 귀하다 해도 죽을 때 무형 세계에 가지고 갈 수 없고 또 무형 세계에서는 이 세상의 것들이 필요치 않다.

나는 평생 산에서 혹독한 고통을 견디며 수행을 하고 지천기(地天氣)를 찾아 사람들에게 전하면서 참으로 많은 비난과 화살을 받았다. 세상에서 나쁜 소리는 다 들어야 했다. 세상 사람들로서는 이해가 안 되고 상상도 할 수 없는 것들을 이루고 해결할 수 있다고 말하니 그런 것이다.

사람은 누구나 자신이 모르는 것, 이해하지 못하는 것은 받아들이지 못한다. 한 가족이라도 대학에서 배운 전공과목이 다르면 서로 이해하지 못하고 대화가 안 된다. 그러니 내가 이상한 사람, 사기꾼 취급을 받는 것은 당연하다. 당연한 일인 줄 알면서도 비난의 말을 편안하게 받아들이지 못하니 내가 수행을 했다고 말하기에는 아직까지는 부족한 것 같다.

수행하면서 낮과 밤이 있다는 것을 일찍 깨닫지 못한 나 자신이 한없이 부끄럽다. 이 세상과 무형 세계, 양쪽에서 다 필요로 하고 좋아하는 사람이 될 수 없다는 것을 일찍 깨닫지 못했다. 세상 사람들이 좋아하는 사람이 되면 무형 세계에서는 필요 없는 존재가 되고, 무형 세계에서 필요한 사람이 되려면 이 세상에서는 바보가 되어야 하는데 나는 유형과 무형 세계 양쪽 모두에서 필요한 존재로 살려고 했다. 참으로 욕심 많고 어리석은 사람이었다.

  나는 깊은 산속에서 강도 높은 수행을 하면서 약 20여 차례 경찰 조사를 받았다. 도 수행 중 사람을 만나지 않으려고 피해 다니기도 했는데, 그런 모습이 수상히 여겨져서 범죄자나 간첩으로 오인받기도 했던 것이다. 그러나 조사 이후 아무런 혐의가 없어 다시 산으로 갈 수 있었고 오히려 그런 일들이 그들의 이해를 얻는 기회가 되었다.

  나는 철학가로서 오랜 기간 동안 운명 철학 상담을 해 오면서 어렵고 힘들게 사는 수많은 사람들에게 홀로 산에서 수행하며 발견한 지천기 수행법을 체험하게 하고 그 결과를 실험해 왔다. 그리고 지천기 수행법 일부를 63빌딩과 세종문화회관 대강당 강연을 시작으로 공공기관과 기업체, 전국 초·중·고 학교, 대학 등에서 강의를 통해 직간접적으로 소개하기도 했다.

  이 책은 지천기운과 지천기 수행법을 좀 더 쉽게 소개하며 지천기 수행으로 얻은 결과, 즉 빠른 시간 안에 불치의 병을 고치고 가난과 불행에서 벗어난 신비하고 기적 같은 체험 사례들을 엮은 것이다. 다만 독자들에게 당부하는 점은 일반 사람들과는 조금 다른 일을 해 오며 개인의 체험을 쓴 것이니, 진리나 종교 또는 사상으로 확

대해석하지는 말아 달라는 것이다. 또한, 지천기 수행이나 기적의 사례 하나하나에 대한 의심과 불신을 먼저 할 것이 아니라, 모르고 있던 분야라고 여기면서 앞으로 배워야 할 숙제로 남겨두고 대화가 이뤄지는 풍토가 조성되길 바란다.

새로운 기술과 사상을 발명, 발견하고 연구하는 일들은 고통 속에서 오랜 시간을 요구한다. 하지만 공식만 알면 수학 문제를 풀 수 있고, 휴대폰 개발은 어려워도 만들어진 휴대폰은 그 사용법만 알면 누구나 사용할 수 있듯이 나는 산에서 혹독한 도 수행을 하며 많은 시간을 투자했지만, 다른 이들은 내가 찾은 지천기 수행법으로 한결 빠르고 쉽게 가난과 질병을 극복하고 절망을 희망으로 바꾸고 불행을 행복으로 바꾸어 가길 바란다.

내가 오랜 기간 고민 끝에 책을 내는 이유는 첫 번째 나 자신을 위하고, 두 번째 자식과 후손들을 위해서이다. 누구나 그렇듯이 자식 낳아 키우면서 자식들에게 많은 투자를 했는데 그 자식들이 지금보다는 더 나은 세상에서 살아야 하지 않겠는가? 세상은 홍수가 나고 가뭄이 들었는데 내 자식들만 배불리 먹을 리 없다. 세상은 꽁꽁 얼어있는데 내 자식들만 따뜻하게 살기를 바랄 수는 없다.

한 사람만 행복하다 하여 한 가정이 행복하다 할 수 없고, 한 가정만 행복하다 하여 사회가 행복하다 할 수 없다. 행복한 가정들이 모여야 행복한 사회가 되고 행복한 사회가 되어야 살기 좋은 부강한 국가가 된다.

지구촌 세계가 하나가 되어 가고 있다. 내 자식들이 어디서나 안전하고 따뜻하게 살아가려면 세상이 안정되고 세계가 평화로워야 한다. 불신과 나만 잘 살면 된다는 개인 이기주의는 세상을 어둡고 각박하게 만드는 주범이다. 남을 위하는 것이 내 자식과 내 가정을 위하는 길이요, 사회와 국가의 안녕을 위하는 것이 바로 나 자신과 후손을 위하는 길이다.

이 책에 소개된 사례의 주인공들은 모두 나를 믿고 어려움을 상담한 의뢰자들이지만 그 이름을 실명으로 밝히지 못한다. 그들의 사생활 문제이기도 하기 때문이다. 부득이하게 가명으로 쓴 것을 독자들은 이해해주기 바란다. 이 책을 내느라 도와준 많은 사람에게 진심으로 고마움을 전한다.

일월

| 프롤로그 |

사람들은 밝고 따뜻한 태양 빛과 밝은 낮을 좋아하면서 왜 어둠이 오는 서쪽 방향을 바라보면서 밝고 따뜻한 태양 빛이 없느냐고 투덜댈까?

대자연 순행 공부

사람이 태어나 학교에 가서 학문을 배우는 데에 20~30년이란 긴 세월과 많은 돈을 투자한다. 그런데 많은 돈을 투자해서 20~30년간 배운 학문은 인생 곳곳에 널려 있는 위험과 사고로부터 내 생명과 몸을 지키는 데에는 별로 도움이 안 된다. 학문적인 지식은 많이 습득했지만, 대자연과 인간 삶의 이치에 대해서는 무지하다. 공부하면 대자연의 이치(理致)와 인간의 도리(道理)를 배워야 하고 물이 높은 곳에서 낮은 곳으로 흘러가는 원인과 결과의 법칙을 알아야 한다. 사람이 태어난 삶의 목적을 알아야 한다.

대자연의 이치와 인간 삶에 대한 관계와 흐름을 공부한 사람들이 바로 철학가, 예언가다. 적어도 10년 이상 외길 수행을 통해 인간이 죽고 사는 것과 앞일을 알게 된 사람들이다. 운명 철학 사상은 옛것에 매이지 않고 새로운 것을 찾아 미래를 향해 나아가는 학문이자 고도의 기술이다. 쉽게 말하면 미래 세계를 앞당겨 생각하는 예언 학문이다.

그러나 운명 철학을 접해 보지 못한 사람들은 운명 철학 하면 점이나 쳐주는 점술로만 보고 있다. 고리타분한 과거의 학문, 혹은 미신이라고 여기고 있다. 잘못 이해한 탓에 아예 접해 보려고 하지 않는 경우도 많다. 특히 젊은 사람들은 철학 상담을 재미와 심심풀이로 가볍게 생각하는 경향이 있다. 여기에 자신의 생명이 달려있다는 것을 모르고 있다.

불의의 사고와 병으로 불행하게 되거나 갑작스러운 죽음을 맞는 많은 사람의 이야기가 하루에도 여기저기서 보도된다. 그런데 사람들은 이를 보고 들어도 나와 내 가족만 아니면 안심하고, 나와 내 가족은 그런 일을 당하지 않을 것으로 생각한다. 그러나 사고와 불행한 일에는 언제나 예외가 없다.

동물과 곤충들은 재앙이 일어날 것을 미리 알고 대피하는데 인간은 왜 한 치 앞에 다가올 사고와 죽음을 모르고 사고 현장으로 달려가 죽임을 당할까? 소는 돼지보다 영리해서 자기가 죽을 곳을 알아본다. 소는 도살장에 안 들어가려고 버티고 그 앞에서 눈물을 흘린다. 그러나 돼지는 도살장 앞에서 죽을 순서를 기다리는 동안에도 먹을 것을 찾는다. 소처럼 안 들어가려 하지도 않고 눈물을 흘리지도 않는다. 그러면 인간은 어떠한가?

만물의 영장인 인간이 소나 돼지, 곤충보다 못할 리 없다. 사람은 누구나 자신 앞에 다가오는 행·불행을 예감하는 본능을 가지고 있다. 그러나 안타깝게도 과학이 발달하고 눈에 보이는 것에 치중하는 풍토로 인해 예감, 영감, 직감의 능력과 중요성을 잃어버렸다. 그리고 소와 돼지보다도 못하게 불행을 자초하며 살아가고 있다. 인간이 자신에게 다가오는 한 치 앞 어려움과 죽음을 모르고 살아서야 되겠는가?

어른들은 어린 자식들에게, 선생님들은 학생들에게 책 속에 모든 것이 다 있다고 가르친다. 돈과 명예, 바라고 원하는 모든 것이 책 속에 있으니 공부만 잘하면 행복하게 잘 살 수 있다고 가르친다. 그러나 지식을 쌓는 공부만으로는 사고와 위험으로부터 내 생명을 지킬 수 없다. 나아가 가족들이 죽음의 병으로 고통받고 사선을 넘나들 때 고통을 덜어주고 살려내는 대안을 찾기 어렵다. 책 속에는 내일 일과 미래 일을 아는 지혜가 없다. 지식과 지혜는 다르다. 지혜로운 사람으로서 살아가려면 대자연의 순행 공부를 해야 한다. 지혜는 대자연 순리 속에 있기 때문이다.

세계화가 되고 과학 기술이 눈부시게 발전한 현대의 생활에서는 배워야 할 것도 알아야 할 것도 참으로 많다. 그러나 인간에게 있어서 생명과 건강을 지키고 미래 일을 아는 것보다 더 중요한 것이 무엇일까?

지천기운의 발견과 그 중요성

인간은 성장 과정에서 듣고 보고 배운 것을 가지고 평생 살아가게 된다. 사람들은 자신이 세상의 모든 것을 다 안다고 생각한다. 그러나 사람들이 안다고 말하는 것이란 자신이 보고 듣고 배운 것에 한정된다. 그것은 지리산 자락의 개미 한 마리가 지리산을 안다고 말하는 것과 같다. 사람들이 아는 것이란 대자연의 극히 작은 일부분일 뿐이다.

옛날 사람들은 인간이 우주에 가는 것이나 TV와 휴대폰 세상을 상상도 못 했다. 그런 세상이 온다고 말하는 사람을 정신이 이상한 사람이라고 했고, 눈에 안 보이는 것은 없다고 했다. 그러나 당시 사람들이 인정하든 안 하든 그런 세상은 왔고, 현대에 TV와 휴대폰을 사용하지 않는 사람은 없다. 과학 기술과 정신세계의 발전으로 지금 우리는 옛날 사람들이 상상도 못 했던 일들이 이루어진 시대에 살고 있다.

전파를 발견하고 이용하는 방법을 찾아냄으로써 비로소 TV와 휴대폰이 나온 것처럼, 대자연 지천기운의 존재를 심도 있는 수행을 통하여 발견하고 이용하는 방법을 찾아냄으로써 지천기운의 강한 위력을 알게 되었다. 세상만사 원인 없는 결과는 없고, 만물은 상호 의존하고 있다. 대자연의 지기, 천기, 지운, 천운 속에 인간이 간절히 찾고 원하는 모든 것이 다 있다.

수행하면 세상만사의 원인과 결과를 알 수 있고, 보이지 않는 내면의 상생상극 관계도 알 수 있다. 원인을 알면 결과를 바꿀 수 있고, 내면의 상생을 추구하면 모든 사람이 여유롭고 행복한 삶을 살 수 있다.

수행을 해보지 않은 사람과 수행이 있다는 것을 모르는 사람들은 가난과 병으로 고통받고 사고와 불행한 일을 당하는 것을 학문과 기술의 부족, 믿음과 정성의 부족, 개인의 노력 부족 때문이라고 생각한다. 그러나 그것은 대자연의 순행 이치와 원인을 모르기 때문에 갖는 생각이다.

사람들은 눈에 보이지 않는 원인을 무시하고 눈에 보이는 결과만을 중시하며 살기 때문에 지혜롭게 살지 못하고 있다. 대화하면서도 상대의 속마음을 알지 못해 오해를 만들고, 서로 미워하고 원망하는 상극 관계를 만들면서 살고 있다. 지식의 눈으로는 온종일 보아도 상대의 속마음은 보이지 않는다. 이는 두 눈이 있어도 두 눈 없는 사람의 모습과 같은 것이다.

수행하면 가난과 병의 원인을 알 수 있다. 가난의 원인, 병의 원인을 아는 사람은 가난하게 살지 않고 병으로 아프거나 단명하지 않는다. 수행하면 치유 안 되는 병으로 고통받는 세상 사람 모두가 건강하게 살 수 있다. 인간의 기술과 능력으로 치유 안 되는 병은 있으나 지천기운, 수행으로 치유 안 되는 병은 없다. 수행하면 내일일,

미래 일을 알 수 있다. 한 치 앞에 닥칠 앞일을 알면 사고와 불행한 일을 당하지 않는다. 상대의 속마음을 알면 손해 보고 후회할 결혼과 사업을 시작하지 않는다. 남을 의심하고 불신하지 않는다. 의심과 불신하는 마음은 상대의 속마음을 모르기 때문에 생기는 것이다.

사람들은 TV와 휴대폰을 사용하면서도 사람의 얼굴과 목소리가 비바람 태풍을 뚫고 땅끝에서 우주까지 어떻게 전달되는지 모른다. 비행기로는 20시간 가는 거리라도 휴대폰으로는 전화번호를 누름과 동시에 통화로 연결되는 현상과 원리를 이해하지 못한다. 또 전파가 오고 가는 원리를 이해해야만 기계를 사용할 수 있는 것도 아니다.

수행을 통해 나타나는 신비와 기적에 대해서 아무리 글을 잘 쓰고 말을 잘 해도 다 표현할 수는 없다. 그러나 전파를 잡을 수 있는 곳이면 지역과 국가와 관계없이 전 세계 모든 사람이 TV와 휴대폰을 사용하듯이 수행을 시작하면 사람과 장소에 따라 다소 차이는 있으나 시작과 동시에 지천기운이 어떤 것인가를 느낄 수 있다.

대자연 순행에는 때가 있다. 미래에는 지금의 우리로서는 상상도 할 수 없는 일들이 펼쳐진다. 이 모든 것을 과학 기술과 정신세계가 때에 맞춰 이뤄내게 될 것이다. 지구촌 어디서나 세상 사람 모두가 대자연의 순리 순행 질서에 따라 사는 세상, 가난한 자 없는 세상, 병으로 아프거나 죽는 자 없는 세상, 서로 속이며 이용하고 사기하지 않는 세상은 온다. 상생하고 살면서 누구나 앞일을 내다보는 지혜로운 인간으로 사는 세상이 빠르게 다가오고 있다. 앞으로 세계 곳곳에서 더 많은 사람이 지천기운과 수행을 연구하고 발전시키면 수행을 배우고 그것을 삶의 목표로 두고 살아가는 세상이 더 빠르게 이루어질 것이다.

　기술과 정보는 나눠야 한다. 혼자만 알고 무덤까지 가지고 가는 것은 무엇에도 도움이 안 된다. 사회와 국가 발전의 차원에서도 새롭고 유익한 기술과 정보는 서로 나누고 습득함으로써 공동의 발전에 도움이 되어야 한다. 의심, 불신, 편견으로 지난 것에 매여 살면 앞서가지 못한다. 이 세상에서 무엇보다 중요한 것은 자신의 생명을 지키고 앞일을 아는 지혜로운 사람으로 살아가는 것이다. 배우고 알려는 마음이 있다면 이 책이 그 길을 열어 행복의 길로 안내해 줄 것이다.

짐승은 약육강식대로 살고,

인간은 순리대로 살아야 한다.

부모의 언행은 자식과 후손에게 순리대로 상속된다.

부모가 순리대로 살면

자식과 후손이 영웅 · 황제같이 행복하게 살고,

부모가 순리대로 살지 않으면

자식과 후손이 몸종 · 노예같이 불행하게 산다.

1

새 시대, 새로운 배움

인간 삶에 차이가 나는 원인

　물은 깊은 산 땅속에서 깨끗한 물로 나와 더러운 물이 되어 흘러가고 인간은 모태에서 태어나 선인과 악인이 되어 살아간다. 그리고 다 같이 빈손으로 태어나 부자와 가난한 자로 구분되어 살아간다. 똑같이 빈손으로 태어나 어떤 이는 영웅·황제같이 살고, 어떤 이는 몸종·노예같이 살고, 어떤 이는 인간 돼지가 되어 살아간다. 그리고 어떤 이는 장수하고 어떤 이는 단명한다.
　태양 빛과 공기는 똑같이 주어지는데 인간의 삶은 왜 이렇듯 차이가 나는 것일까? 그 원인은 무엇일까? 태어나기 전부터 1, 2, 3등급으로 나뉘어 태어난 것일까? 그것은 아니다. 깊은 산속 샘물이 똑같이 깨끗한 물로 출발하듯이 세상 사람 누구나 세상에 태어날 때는 빈손이라는 똑같은 조건을 갖고 태어난다. 부자와 가난한 자의 씨가 있는 것이 아니고 영웅·황제와 몸종·노예, 똥 돼지같이 살아야 할 종자가 따로 있는 것이 아니다.

  이러한 차이가 생기는 것은 인간이 성장하는 과정에서 생겨났다고 보아야 한다. 잉태되고 성장하는 동안 받은 영향에 따라 부자와 가난한 자로 나뉘고, 영웅·황제, 몸종·노예, 똥 돼지와 같은 삶으로 구분된다. 같은 조건에서 출발한 인간이 각기 차이 나는 삶을 살아가는 원인으로는 크게 부모, 환경, 교육, 노력의 영향을 들 수 있다.

  첫 번째 원인은 부모이다. 부모가 어떤 사람이냐에 따라 달라진다. 부모가 영웅·황제인 사람, 부모가 몸종·노예인 사람, 부모가 똥 돼지 같은 사람에게서 태어난 사람이 같은 삶을 살 수 없다.

  두 번째 원인은 환경이다. 영웅·황제같이 사는 환경에서 태어난 사람은 모든 것이 여유롭고 풍요로운 환경에서 성장하게 된다. 몸종·노예로 사는 환경에서 태어난 사람은 모든 것이 억압과 구속된 생활 속에서 성장하게 된다. 똥 돼지로 사는 환경에서 태어난 사람은 동물적인 생각을 하게 된다.

  세 번째 원인은 교육이다. 인간은 교육을 통해 배워야만 인간으로서 도리를 하면서 살아갈 수 있다. 영웅·황제와 같은 부모 밑에서 영웅·황제로 사는 넉넉한 환경에서 자라게 되면 자연히 좋은 것을 보고 차원 높은 교육을 받게 될 가능성이 크다. 따라서 질 좋은 교육을 통해 인간의 가치를 알고 인간의 자리에서 살아가게 된다. 몸종·노예로 사는 부모와 그런 환경에서 태어나 자라는 사람은 교육이란 이름도 모르고 성장하기 때문에 스스로 생각해서 선택하고 결정하는 것을 모른다. 오로지 명령받고 명령에 따라 움직이는 것만을 보고 익히게 되어 스스로 생각하고 선택하는 지능을 기대하기 어렵다. 똥 돼지로 사는 부모와 그런 환경에서 태어나 자라는 사람은 동물과 같은 본능으로 먹고 배설하고 자신의 쾌락만을 위해 사는 인간이 된다.

네 번째 원인은 노력이다. 안다고 하더라도 노력하지 않으면 안다는 것은 아무런 의미가 없다. 영웅·황제와 같은 부모, 환경, 교육이 주어졌다고 해도 노력하지 않으면 그것을 지킬 수 없다. 그런데 영웅·황제로 사는 부모와 환경에서 제대로 교육받은 사람은 끝없이 노력한다. 그 자리를 지키기 위해서라도 항상 배우고 노력한다. 그러나 몸종·노예처럼 사는 부모와 환경에서 태어나 배움이 적은 사람은 노력도 하지 않는다. 명령에 따라 움직이는 것에 익숙하므로 명령을 기다릴 뿐 스스로 생각하고 행동하기 위한 노력은 하지 않는다.

똥 돼지 같은 부모와 환경 속에서 배움이 없이 자란 사람은 인간 돼지로 보아야 한다.

인간은 이렇듯 네 가지 원인에 의해 차이가 나고 질이 다른 삶을 살게 된다. 겉모습이 인간이라고 해서 다 똑같은 인간이 아니다. 배우고 노력하면 인간이 되고 배우지 않고 노력하지 않으면 동물 인간이 된다. 배우지 않고 노력하지 않는데 저절로 알게 되고 저절로 영웅·황제가 되는 일은 없다.

인간 삶에 나타나는 차이 나는 다른 모습들, 부자와 가난한 자, 선인과 악인은 종자를 갖고 태어나는 것이 아니다. 부모, 환경, 교육, 노력에 따라 만들어진다. 부모와 환경에 따라 선인과 악인이 되고 배움과 노력에 따라 영웅·황제와 몸종·노예, 똥 돼지가 된다.

삶에 도움이 되는 배움

네 가지 원인은 서로 긴밀하게 연관되어 있으므로 중요하지 않은 것이 없다. 좋은 부모와 좋은 환경이 좋은 교육을 가능하게 한다. 그래서 영웅·황제로 사는 부모는 자식과 후손을 영웅·황제로 만들 수 있다. 좋은 교육과 배움이란 일류 학교에 가서 학문만을 익히는 것을 말하는 것이 아니다. 진정한 배움은 가정에서 부모의 언행을 보고 들으면서 배우고 학교에서는 글과 기술을 배우는 것이다.

영웅·황제가 된 사람들의 특징은 부모가 배우고 노력한 것을 자식들이 보고 배워서 따라 한다는 것이다. 반면 몸종·노예로 사는 사람들의 특징은 배우고 노력하지 않는 데 있다. 기계를 자꾸 쓰면 잘 돌아가고 안 쓰면 녹슨다. 마찬가지로 몸종·노예로 사는 부모에게서 좋은 언행을 배우지 못한 데다 노력도 게을리하기 때문에 두뇌가 어둡고 회전이 느리다. 그래서 무지하다.

영웅·황제같이 사는 사람은 세상에 대한 불평불만이 없고 남을 못 믿어 의심·불신하지 않는다. 선한 마음으로 남을 생각하는 마음을 갖게 된다. 그 이유는 물질적, 심적으로 여유롭게 살았기 때문이다. 그러나 배우지 않고 노력하지 않는 사람은 세상에 대한 불만이 많고 사람을 믿지 못해 의심하고 경계한다. 무지하기에 좁고 악한 마음을 갖게 된다. 또한, 배우지 않고 노력하지 않는 것은 스스로 인간이기를 포기하는 결과가 되어 동물 인간과 같은 모습으로 살아가게 된다. 동물에게는 능동적이고 선한 마음은 없다. 오로지 먹고 배설하고 짝짓는 본능만 있다.

인간에게 배움이란 매우 중요하다. 배우면 지혜로워지고 힘이 생긴다. 배움이 지혜이며 지혜가 힘이다. 그리고 힘은 돈이다. 돈은 자유와 평화를 누리게 해 준다. 배우고 노력해야 자유와 평화를 누리고 행복하게 살 수 있다. 배우지 않고 노력하지 않으면 대대로 가난하고 수동적으로 살아가게 된다.

이런 이치는 세상을 두루 살펴보아도 알 수 있다. 부모가 부자로 살면 자식과 후손들도 부자로 살게 될 확률이 높고, 부모가 가난하게 살면 자식과 후손들도 가난하게 살 확률이 높다. 왜 그럴까?

첫 번째 이유는 부자로 잘 살고 편안하게 사는 환경에서 잉태된 태아의 두뇌에 입력되는 것과 가난한 환경에서 잉태된 태아의 두뇌에 입력되는 것이 다르기 때문이다.

영웅·황제와 같이 불평불만이 없고 자유롭고 평화롭게 사는 과정에서 잉태된 아이는 두뇌에 부모의 자유로움과 평화로움이 입력되어 있으므로 성격이 온순하고 마음도 안정되어 있다. 그러나 가난한 환경에서 잉태된 아이는 부모의 억압된 생활과 불평불만, 고달픔과 고통 속에서 느끼는 모든 것이 두뇌에 입력되므로 어딘가 모르게 불안정하다. 이런 아이는 늘 탄압받는 것과 같은 불안과 공포 속에서 불편함을 느끼게 되고 두뇌 역시 좋지 못하다. 잡다한 생각들이 두뇌에 있어서 공부해도 집중력이 떨어지고 공부가 안된다.

이것은 수십 년간 철학 상담을 통해 확인된 내용이다. 부모를 알면 그 자식을 알게 된다. 인간의 두뇌가 맑고 깨끗하고 안정되어 있어야 공부할 때 집중이 잘 된다. 불평불만이 많고 마음이 안정을 이루지 못하면 공부를 해도 머릿속에 입력이 잘 안 되어 공부를 못하게 되고 긍정적인 마음을 갖기 어렵고 부자로 살기도 어렵다.

두 번째 이유는, 부자로 잘 사는 사람일수록 자식을 가르쳐야 한다는 생각이 강하다. 가난하게 사는 사람들은 자식을 가르치고 싶은 마음이 있어도 경제적으로 어려우므로 자식을 가르치기가 쉽지 않다. 옛날에는 '개천에서 용 난다'라는 말이 있었다. 가난한 집에서 학자가 나왔다는 말이다. 그러나 요즘은 가난한 집에서 최고의 학자가 나오기 어렵다. 왜냐하면, 지금은 옛날같이 글만 잘 읽고 쓰면 되는 세상이 아니기 때문이다.

옛날에는 주산을 잘 하면 인정해 주었지만, 요즘은 주산을 잘 한다고 해서 인정해 주지 않는다. 숫자 계산은 컴퓨터와 기계가 있으니 그것들을 구매해 사용하면 된다. 그런데 고성능의 각종 컴퓨터나 기계를 사는 데에는 많은 돈이 든다. 또 요즘은 현장 학습 체제이다. 책만 보고 우물 안 개구리처럼 공부하는 시대가 아니다. 인터넷이 발달하여 있다고는 하지만 그것도 현장 체험과는 다르다. 세계를 다니면서 직접 눈으로 보고 몸으로 체험하며 익혀야 한다. 그런데 세계를 다니며 학습하는 것 역시 많은 돈이 든다.

기계를 만져 보지 못하고 세계를 다니며 체험해 보지 않고서 남들보다 두뇌가 더 열리고 영리해지기를 바라기는 어렵다. 부자로 잘 사는 사람들의 자녀들은 대학 졸업할 때쯤이면 세계 학습 여행을 십여 군데 이상 다녀온 경험이 있지만 가난한 집 자녀들은 세계 학습

여행을 한 군데도 못한 경우가 대부분이다. 배움과 가르침은 생각과 마음만으로 되는 것은 아니다. 손으로 기계를 만져 보고 세계를 다니면서 눈으로 보아야 느끼고 체험하는 교육이 될 수 있다. 듣지도, 보지도, 만져 보지도 못한 가운데서는 제대로 배워지는 것이 없다.

이는 선진국과 후진국을 비교해 보아도 알 수 있다. 선진국의 국민은 인간 최고의 가치와 자유와 평화를 누리며 행복하게 살고 후진국의 국민은 억압과 탄압 속에서 노예같이 살거나 똥 돼지 취급받으며 살고 있다. 세계 여행을 다니다 보면 영웅·황제처럼 편하고 행복하게 사는 것도 볼 수 있고 똥 돼지처럼 오물을 먹고 사육되는 동물보다 더 못한 취급을 받으며 자유 없이 억압 속에서 사는 것도 볼 수 있다.

불평불만이 많은 아이를 데리고 똥 돼지 같은 처지에서 사는 사람들을 보여주면 아이들 생각이 확 바뀐다. "공부 안 하고 노력 안 해서 똥 돼지 취급받으며 살래, 공부하고 부지런히 노력해서 사람 대접받으며 행복하게 살래?"하고 물어보면 아이들은 열심히 공부하고 노력하겠다며 주먹 쥐고 다짐한다. 그래서 백번 말하는 교육보다 한 번 보여주는 체험 교육이 더 중요하다고 말한다.

똥 돼지같이 오염된 것을 먹고 닭과 돼지가 사육되듯이 사는 삶이 따로 있지 않다. 머리가 둔하고 지혜가 없으면 절망과 가난에 허덕이며 똥 돼지 같은 처지로 전락하여 살게 된다.

배움이 돈이고 힘이다

　세상에 경쟁이 아닌 것은 하나도 없다. 땅 위에 무수히 많은 잡초도 태양 빛을 많이 보려고 서로 경쟁한다. 초봄에 높은 산에 올라가면 땅을 뚫고 나오는 수많은 종류의 풀의 경쟁을 볼 수 있다. 태양 빛이 많은 여름에도 마찬가지이다. 경쟁에서 이기지 못해 잘 크지 못한 식물들은 그늘에서 초라하게 말라 죽어간다.

　동물의 세계에는 더욱 치열한 경쟁이 있다. 힘없는 동물들은 언제 죽을지 모르는 가운데 늘 주위를 경계하며 살고 힘센 호랑이와 사자는 여유 있게 자유를 누리며 산다. 동물 중에서 키가 제일 큰 기린은 사자나 호랑이에게 언제 잡아먹힐지 몰라 선 채로 하루 5분을 잔다고 한다. 사슴이나 얼룩말 새끼들은 언제 잡아먹힐지 몰라 태어나면서부터 본능적으로 달리기를 한다. 몸집이 크다고 해서 안전한 것도 아니다. 거대한 들소나 코끼리들도 무리에서 떨어지면 하이에나, 호랑이, 사자에게 잡아먹힌다. 힘없는 동물들의 삶은 그 자체가 언제 적에게 잡아먹히게 될지 모르는 불안과 공포의 연속이다.

인간 세상도 약육강식 원칙에서 예외가 되지 않는다. 돈과 힘이 없고 지혜마저 없다면 인간답게 자유와 평화를 누리며 살 수 없다. 국가의 법이란 약자만을 위해 있는 것도 아니고 강자만을 위해 있는 것도 아니다. 그러나 돈과 힘이 있는 자가 먼저 법의 보호를 받는다. 소송할 때 변호사를 사면 이기고 못 사면 진다는 말이 있다. 그리고 변호사도 힘 있는 변호사가 있고 힘없는 변호사가 있다. 우리나라 중견기업 회장이 회사 일로 소송을 하는데 힘없는 변호사를 사서 매번 지다가 힘 있는 변호사를 사니 가볍게 이겼다고 한다.

구리시에서 있었던 일이다. 월세 집에서 가난하게 사는 가정에 고등학교 3학년인 자녀가 변호사를 못 사서 억울한 누명을 쓰고 옥살이를 하다가 안전사고로 장애인이 되었다. 이 학생의 아버지는 잠수부이고 어머니는 노점에서 과일 장사를 했다. 학생이 집에서 공부하고 있는데 같은 학교 2학년 학생 3명이 찾아와 "형, 잠깐만 나와 봐." 하여 밖을 나갔다. 2학년 학생들이 가게로 데려가 아이스크림을 사줘서 먹고 들어온 것뿐인데 고3 학생이 절도범으로 몰려 교도소에 가서 1년을 살다가 나왔다. 교도소에서 나온 후 학교도 못 가고 공장에서 일하다가 기계에 오른손이 잘려 장애인이 되었다.

3명의 2학년 학생들이 한 잘못을 3학년 학생이 모두 뒤집어썼으나 가난한 3학년 학생 부모는 변호사를 사지 못해 누명을 벗지 못했다. 3명의 2학년 학생들의 부모들은 합심하여 변호사를 사고 3학년 학생의 상황을 불리하게 만들며 빠져나갔다.

세상에 돈과 힘이 없어 억울한 누명 쓰고 벗지 못하는 경우는 어디에나 있다. 법은 눈에 보이는 물증과 증인 중심으로 재판하기 때문에 눈에 보이지 않는 진실을 하늘이 알고 땅이 안다고 호소해 봤자 소용없다.

국제 재판도 돈과 힘으로 통한다. 선진국과 후진국이 재판하면 후진국이 불리하다. 돈과 힘이 법이다. 일본이 독도를 일본의 영토라고 계속해서 주장하는 것도 돈과 힘이 있기 때문이다. 한국이 미국 같은 나라라면 일본이 한국을 얕잡아 보지 못한다. 일본은 한국을 식민지로 만들어 고통을 주었고 빼앗아간 물질과 정신, 왜곡한 역사에 대한 사과와 피해 배상을 아직도 안 하고 있다. 다른 나라에서는 다 인정하는 위안부 문제도 사과는커녕 부정한다. 독일은 이스라엘에 피해 배상을 했다. 그러나 일본은 우리에게 지금도 피해 배상을 안 하고 있다. 우리나라보다 돈과 힘이 더 있기 때문이다.

돈이 힘이다. 힘이 없으면 억울함을 당하는 세상이다. 힘이 자유와 평화를 가져다준다. 싸움에서 강자가 약자에게 빼앗기고 양보하는 경우는 없다. 국민 한 사람, 한 사람이 건강하고 지혜로워야 잘살게 되고 국가가 부강해진다. 그래서 국민의 체력은 국력이라고 한다. 국민 모두가 병들고 가난하면 국가도 가난해지고 힘이 없어진다.

지혜와 힘은 배움에서 생긴다. 배워야 지혜가 생기고 힘을 얻을 수 있다. 배워야 돈을 가질 수 있고 배워야 자유와 평화를 누릴 수 있다. 배워야 자식과 후손들을 영웅·황제로 만들고 행복하게 만들 수 있다. 배워야 조국의 영토와 예술·문화를 지킬 수 있다. 배워야 인간으로서 살아갈 수 있다.

순리 속에 있는 지혜

　행복하게 잘 살기 위해 배워야 할 것은 학문과 기술도 있겠지만, 더 중요한 것은 대자연의 순리와 이치이다. 대자연의 순리와 이치 속에 지혜가 있기 때문이다. 인간이 배고플 때는 먹는 것이 먼저이다. 다음은 글과 기술이다. 먹는 것과 글과 기술이 갖추어졌다면 그다음으로 사람들은 자유와 평화와 행복을 바란다. 사고와 불행한 일을 당하지 않고 실패와 후회 없이 살기를 바란다. 속거나 이용과 사기를 당하지 않고 살기를 바란다. 인생 곳곳에 도사리고 있는 사고와 죽음, 실패와 배신, 이용과 사기를 당하면서 행복하다고 말할 수는 없을 것이다.

　흘러가는 물은 계속 변화한다. 세상은 흘러가는 물과 같아서 고

정적이고 안정된 것은 아무것도 없다. 끝없이 변화하는 세상에서 한 치 앞일을 모른다면 어떻게 걱정근심 없이 편안하게 살 수 있을까? 인간이 자유와 평화를 누리고 행복하게 살아가려면 한 치 앞에 닥칠 사고와 죽음을 알아야 하고, 만나는 사람의 생각과 마음을 알아야 한다.

인간의 생명을 위협하는 것은 병과 사고이다. 인간은 태풍 앞에 촛불처럼 언제 병들고 언제 사고로 불행한 일을 당해 죽을지 모른다. 한참 살아야 할 꽃다운 나이의 청년들이 병과 사고로 희생되어 부모의 마음을 아프게 하고, 가정에 없어선 안 될 엄마, 아빠가 병과 사고로 희생되어 아이들을 슬프게 하는 일들이 얼마나 많은가? 믿고 기도하는 사람들도 자신 앞에 다가올 위기를 몰라 어려움을 당하고 위험한 일로부터 자신의 생명과 몸을 지키지 못한다. 자신의 생명과 가족의 생명과 안전을 지키지 못한다면 믿고 기도하는 것은 무엇을 위한 것인가?

내일 일과 미래 일을 아는 지혜로운 사람이 되어야 걱정근심 없이 자유와 평화를 누리며 행복하게 살 수 있다. 내일 일과 미래 일을 아는 사람이라면 집을 나갔다가 돌아올 때까지 아무 걱정 없이 살 수 있고 편안한 가정을 만들 수 있다.

인생의 실패와 후회를 만들어내는 것은 잘못된 인간관계에 있다. 만나는 사람의 속마음을 안다면 중요한 일을 결정할 때 마주 앉은 사람을 의심하고 불신하거나 이용·사기당할 일은 없다. 사람을 만날 때 상대방이 가까이해야 할 사람인지 멀리해야 할 사람인지, 손해를 입힐 사람인지 도움을 줄 사람인지 알아야 한다. 사람의 속마음과 생각을 모르면 억울함을 겪고 귀한 재산과 명예는 물론 목숨까지 잃을 수 있다.

상대의 속마음과 생각을 알기 위해서는 지혜의 눈으로 봐야 한다. 얼굴은 마음의 거울이라 했듯이 사람의 마음은 그 사람의 관상에 나타나 있다. 배신하고 이용·사기하는 것, 이혼하고 원수 되는 것은 이미 다 예견된 일이다. 얼굴과 눈빛, 행동과 말속에 다 노출되어 있는데 사람들은 그것을 찾아보려고 노력하지 않고 중요하게 여기지 않는다. 그러면서 속고 이용당했다며 억울해하고 분노한다.

속는 사람이 있으니 속이는 사람이 있다. 속이는 사람보다 속는 사람이 죄가 더 크다는 말도 있다. 하루가 다르게 변화하는 세상에서 보이지 않는 속마음과 앞일을 아는 지혜 없이 살아가는 것은 불빛 하나 없는 캄캄한 산속을 장비 하나 없이 맨몸으로 가는 것과 같다.

한 치 앞일을 아는 지혜는 대자연의 이치를 담고 있는 수행을 통해 얻을 수 있다. 내일일, 미래 일을 아는 가장 빠르고 정확한 방법이 수행이다. 수행은 살아가는 모든 분야에서 필요하다. 사업할 때, 친구를 사귈 때, 배우자를 고를 때, 비서와 참모를 쓸 때, 대학과 직장을 선택할 때, 공부할 때도 유익하다.

사람의 속마음과 한 치 앞일이 보이면 온 세상이 내 것과 같은 마음의 여유가 생긴다. 누가 죽을 것을 알고 농약을 마실 것이며 사고 날 것을 알면서 사고 날 배, 비행기, 자동차를 타겠는가? 속일 것을 알면서 누가 속아줄 것이며 손해 보고 실패할 것을 알면서 누가 투자하고 실패할 사업을 시작하겠는가? 배신당하고 이혼할 것을 알면서 누가 결혼할 것이며 친구로 만나겠는가?

많은 과학자들, 종교인들, 학자들이 행복의 길을 제시했지만, 사람들은 행복의 길로 나가지 못하고 있다. 사람들은 병의 원인, 가난의 원인을 모르고, 한 치 앞일을 몰라 여전히 질병에 대한 불안과 공포 속에서 살고, 사고와 불행을 당하며 살고 있다.

행복하려면 무지에서 벗어나 앞일을 알아야 한다. 사람들이 가난과 병으로 고통받고 사고와 죽음으로 행복하게 살지 못하는 원인은 무지하기 때문이다.

그래서 나는 무지가 가장 큰 죄라고 말한다. 가난하게 사는 것,

병으로 아픈 것도 죄이다. 그러나 무지에서 벗어나면 가난과 질병의 고통에서 벗어나고, 한 치 앞에 닥칠 사고와 죽음 때문에 고통받지 않는다.

    우리는 무병장수하는 길과 실패와 후회 없이 살 수 있는 길에 관심을 가져야 한다. 대자연의 이치를 알려고 노력하고 순리대로 사는 길을 선택해야 한다. 그래야 힘을 갖고 고통 없이 진정한 자유와 행복을 누리며 살아갈 수 있다. 그 길은 누가 대신해 줄 수 있는 것이 아니다. 누구나 각자 자신의 배움과 노력으로 그 길을 완성할 수 있다.

수행과 지천기 발견

사람들은 내가 왜 산을 찾아 수행하게 되었는지 무척 궁금해한다. 나는 앞일에 대해 궁금증이 많은 소년이었다. 학교 공부는 나에게 맞지 않았다. 산을 찾아 혼자 수행 공부하며 한문을 소학까지 익힌 것이 후에 운명 철학을 하는 데 많은 도움이 되었다. 젊었을 때 서울에서 운명 철학 상담소를 운영했는데 젊은 선생이 잘 본다는 소문이 나 많은 사람이 찾아왔다. 그런데 어느 날 한 손님이 찾아와 나에게 화를 내며 강하게 항의했다.

"철학 하는 당신은 다 알았으면서 내 회사가 안 망하는 비법을 왜 알려주지 않았습니까?"

나는 깜짝 놀라 말했다.

"손님, 제가 망하는 회사를 안 망하게 하는 비법을 알면 왜 안 가르쳐 드렸겠습니까? 이 세상 사람 누구도 미래 일은 모릅니다. 철학이란 통계학입니다. 과거에 된 일들을 보고 자연의 흐름을 보아 앞으로의 일을 예견해 보는 것으로 사주팔자 구성을 통해 통계로 알 수 있는 것뿐이지 확실한 것은 아닙니다."

나는 손님을 이해시키려 노력했으나 손님은 막무가내였다.

"당신은 내가 지내온 것을 다 알지 않았소? 당신은 내 회사가 망할 것을 알면서도 안 망하는 방법을 고의로 안 가르쳐 준 게 틀림없소. 철학을 하려면 회사가 안 망하는 방법도 가르쳐 주어야지요. 당신은 나쁜 사람입니다."

손님이 돌아가고 난 뒤 가만히 생각해보니 나에게 화를 내고 간 그 손님의 말이 맞았다. 운명 철학을 심도 있게 공부하면 사람이 언제쯤 잘 살겠다, 병으로 단명하겠다, 회사가 언제쯤 잘 되겠다, 언제쯤 망하겠다 등 앞으로 닥칠 사람의 운명과 사업의 흥망성쇠, 악운에 대해 알 수 있다. 그러나 앞으로 망할 회사를 안 망하게 하는 방법, 병으로 죽을 사람을 안 죽게 하는 방법, 아픈 사람을 안 아프게 하는 방법과 대안은 없다.

나는 깊은 고민에 빠졌고 철학에 한계를 느꼈다. 누가 뭐라고 하는 것은 아니지만 나 자신이 불운한 미래에 관한 해결 방법과 대안을 모르면서 철학 상담을 지속할 수 없었다. 국내외 번역된 수많은 서적을 찾아보고 종교계의 여러 지도자를 만나 물어보았으나 병으로 죽을 사람을 안 죽게 하는 방법, 망할 회사를 안 망하게 하는 방법, 미래에 닥칠 악운을 막는 방법은 그 어디에도 없었고 가르쳐 주는 사람도 없었다. 나는 스스로 해답을 찾겠다는 결심을 하고 철학 상담을 접고 무작정 또 산으로 들어갔다.

산에 들어가기 전, 나는 상담 받으러 다니던 사람들에게 선언했다.

"이제 나는 상담을 잠시 미루고 산에 공부하러 갑니다. 다음 세 가지를 목표로 삼고 산에 들어갑니다. 첫째, 회사가 망하는 것을 안 망하게 하는 방법을 찾을 때까지 산에서 공부할 것, 둘째, 병으로 죽어가는 사람을 안 죽게 하는 방법을 찾을 때까지 산에서 공부할 것, 셋째, 바람과 희망은 서산대사, 사명대사와 같은 능력자가 되는 것입니다."

내 말을 듣고 있던 사람 중의 한 사람이 끌끌 혀를 차며 말했다.

"이봐요, 젊은 철학가 양반, 할 수 있는 것을 목표로 정하고 산으로 들어가야지요. 내가 보기에 철학가 양반은 말만 그럴듯하게 하고 세상 물정을 모르는구려. 산이 어떤 곳인지 모르니까 그런 말을 하지요. 여기 계신 분들 보십시오. 저 철학가 양반은 산에 들어가기는 해도 성공은 못 합니다. 앞으로 내 말이 맞나 안 맞나 두고 보십시오."

그렇게 사람들은 나의 결심을 웃고 조롱했다.

나는 큰소리치고 용감하게 산에 들어갔지만 어렵고 힘든 고생이란 말로 다 할 수 없었다. 산은 사시사철 추웠고, 먹고 싶은 것도 먹을 수 없었고, 의문들을 묻고 의논할 데도 없었다. 지금은 어느 산이나 등산객들이 넘쳐나지만, 그 당시에는 간혹 나물 캐러 오는 사람을 제외하고는 사람이 거의 없었다. 외로운 산속에서 어렵고 딱딱한 사주팔자 책을 읽고 또 읽으며 1년을 공부했지만, 아무것도 보이지 않았고 깨달은 것도 없었다. 매일매일 불평불만과 신세타령만 나왔다. 홀로 깊은 산속에 들어와 있으니 싸우고 싶어도 싸울 사람도 없고, 소리 질러 욕하고 싶어도 욕할 사람도 없고 받아줄 사람도 없었다. 혼자서 그렇게 지내다가 정한 기간이 되고 먹을 것이 떨어지면 산에서 나왔다. 또다시 산에 들어갈 준비를 하려면 돈이 필요하니 철학 상담을 했고, 준비되면 날을 정하고 산으로 들어갔다.

산에서의 수행 중 가장 어렵고 힘든 것은 추위와 배고픔, 외로움을 견디는 일이다. 그다음은 간첩으로 오인되는 일이 있어 불편했다. 불편하고 힘든 것을 생각하면 다시 산에 들어가고 싶은 마음이 없어지지만 내 입으로 한 약속이 있기에 산에 안 들어가려면 철학 상담도 하지 말아야 했다. 그 당시에는 서울도 좁고 한국도 좁았다. 좁은 세상에서 약속을 안 지키고 거짓말쟁이로 소문나면 철학 상담뿐 아니라 다른 일도 할 수 없었다.

지금도 그렇지만 나는 누가 시키거나 감독하지 않아도 내가 한 말은 반드시 지켜야 하고 그 말을 지키지 않으면 인간이 아니라고 생각했다. 내가 한 약속을 지키지 않는 자신을 나는 너그러이 용서할 마음이 없었다. 인간은 약속을 지키고 짐승은 약속을 지키지 않는다는 강한 생각이 나를 다시 산으로 들어가게 했다. 내가 한 말이 후회는 되지만 '내 말을 지키는 것이 내가 사는 길이다.'라고 생각했고, '이렇게 편하게 생활하면 안 되지.'라는 생각으로 산속에서의 고통스럽고 힘든 생활을 자처하며 외롭고 고독한 나 자신과 싸움을 이어갔다.

그런데 신기한 일이 생겼다. 나는 산에서 불평불만 하면서 지내다가 먹을 것과 옷가지가 필요하여 세상에 나오고 또 약속을 지키기 위해 산으로 들어가고 한 것뿐인데 산을 나왔을 때 나를 만나는 사람들은 내가 산에 가서 수행하더니 확실히 미래 일을 더 잘 보고 통찰력이 더 영험해졌다고 했다. 1년 만에 딱딱한 사주팔자 책을 치워

버리고 산에 가서 한 일이라고는 먹고, 잠자고, 시간 맞추어 수행하고, 답답하면 나무막대기를 들고 이 나무, 저 나무 툭툭 치면서 산을 뛰어다니고, 이 산, 저 산을 다니며 무예 운동을 한 것뿐인데 내가 산에서 내려오면 사람들은 더 많이 나를 찾아왔다. 산에서 내려오는 날을 알려주지도 않았는데 내가 산에서 내려오는 날을 꿈을 꾸어 미리 알고 찾아오는 사람도 있었다. 참으로 신기한 일이었다.

어렵고 힘든 수행에 운명 철학을 공부한 것이 많은 도움이 되었다. 대자연의 이치를 알고 스스로 대자연과 마주 앉아 수행하니 살아있는 영감으로 체험적 터득도 빨랐다. 나는 산에서 나올 때마다 산에서 느끼고 발견한 것을 상담받으러 오는 사람들에게 알려주었고, 나를 믿고 내 말을 잘 따라준 사람들에게는 세상에서 안 된다고 했던 회생 불가능한 고통과 불행에서 벗어나는 일들이 기적같이 일어났다. 지천기 수행의 신비와 기적이었다.

얼굴과 목소리가 비바람 태풍 속을 뚫고

지상에서 우주까지 어떻게 전달될까?

지천기로 어떻게 망해가던 사업이 일어나고

불행했던 가정이 화목해질까?

지천기로 어떻게 병원에서 치유 안 되는 병이 치유될까?

지천기로 어떻게 둔재를 영재 천재로 만들까?

지천기로 어떻게 인생의 성공을 이룰까?

2
지천기 수행의 이해

눈에 안 보이는 것은 원인, 보이는 것은 결과

　인간은 역사 속에서 눈에 안 보이는 것이나 이해되지 않는 것들을 두고 '있다', '없다' 하는 긴 논쟁을 반복하면서 살아왔다. 또 죽음에 대해서도 죽으면 인간 자체가 완전소멸하여 없어진다고 하는 사람, 인간이 죽는 것은 육신만 죽고 마음은 죽지 않는다고 하는 사람들이 제각각 삶의 질을 달리하며 살아왔다. 사람들은 명절이 다가오면 온 가족이 모여 죽은 부모와 선조 조상에게 제사를 지내고 산소에 가서 절을 하면서도 죽은 부모가 '있다', '없다' 하는 논쟁을 계속하고 있다.

　사람들은 부모 묘를 좋은 곳에 잘 쓰면 부자가 되고 크게 출세하고 성공하는 인물이 나온다고 말하기도 한다. 또 어떤 사람은 부모

묘를 나쁜 곳에 쓰면 불효자식이 나오거나 손이 끊어진다고 말하기도 한다. 그렇기에 사람들 중에는 많은 돈을 들여 죽은 부모 묘를 잘 쓰고 돈 들여 잘 관리하는 사람도 있고, '죽으면 다 그만'이라며 화장해서 산이나 강, 길에다 뿌려 버리는 사람도 있다. 누군가 대형사고 현장에서 살아나면 죽은 부모와 조상이 도와서 살았다고 하고 죽으면 부모와 조상의 묘를 나쁜 곳에 써서 죽었다고도 한다.

우리는 왜 이런 소모적인 논쟁을 지속하는 것일까? 이제 이런 소모적인 논쟁은 그만할 때가 되었다. 흘러가는 물도 목적지가 있고 새싹이 나서 성장하는 식물도 목적이 있다. 하물며 인간이 태어난 목적이 없겠는가? 목적지도 모르고 목적 없는 삶을 살아서야 되겠는가? 인간은 소우주이다. 자연과 우주를 알면 인간을 알 수 있고, 인간을 알면 우주를 알 수 있다. 이제까지 확인하지 못했던 세상을 눈으로 보고 확인해서 무지에서 깨어날 때가 되었다. 세상이 그렇게 변화하고 있다.

인간은 몸과 마음으로 되어 있다. 마음은 몸을 다스리는 명령을 내리고 몸은 마음의 명령에 따라 움직인다. 그런데 몸은 눈에 보이고 마음은 눈에 보이지 않는다. 그렇지만 눈에 안 보여서 마음이 없다고 하는 사람은 없다. 여기서 우리는 냉철하게 생각하고 판단을 내려야 한다. 눈에 안 보이는 것이 없다고 하는 사람이라도 자신의 코와 입으로 들이쉬고 내쉬는 공기가 눈에 안 보이기 때문에 없다고 말할 수는 없을 것이다. 그런데도 '안 보이는 것은 없는 것이다.'라고 주장하고 싶은 사람은 자신의 코와 입을 막아 보라.

눈에 보이는 것이 있으면 눈에 안 보이는 것이 동전의 앞뒷면처럼 반드시 있다. 눈에 안 보이는 것은 원인이고 눈에 보이는 것은 결과이다. 원인에 의해서 결과가 나타난다. 뿌리는 원인이고 나무줄기와 잎은 결과이다. 마음은 원인이고 몸은 결과이다. 부모는 원인이고 자식은 결과이다. 신(무형의 인간)은 원인이고 인간은 결과이다. 운전사는 원인이고 움직이는 자동차는 결과이다. 자동차는 운전사가 운전하는 대로 간다. 원인이 결과를 지배하고 결과는 원인의 지배를 받는다.

생명의 주인은 따로 있다

　상담을 받으러 오면 사람들이 믿든 안 믿든 상관없이 나는 언제나 원인에 관해 설명해 준다. 놀이터에서 놀고 있는 어린아이들을 생각해보자. 아이들이 모여 재미있게 놀고 있을 때 부모가 와서 "얘야, 그만 놀고 집에 가야지." 하면서 손을 잡으면 그 아이는 더 놀고 싶어도 부모를 따라가야 한다. 어린아이들은 어른들이 생각하는 대로 따라갈 수밖에 없다. 우리는 어른이라서 세상만사를 내 마음대로, 내 뜻대로 할 수 있다고 생각한다. 그러나 우리 어른의 입장도 신 앞에서는 어린아이의 입장과 조금도 다르지 않다.

　모태 속 태아의 생명은 인간에게 달려있다. 태아를 낳을 것인지, 안 낳을 것인지는 태아가 결정하는 것이 아니고 인간이 결정한다.

태아에게 물어보지도 않고 인간이 자기의 기분과 편의에 따라 태아를 낙태시키기도 하고 낳기도 한다. 인간은 신과 어떤 관계일까? 인간은 태아의 입장이 되고 신은 인간의 입장이 된다. 인간은 어린아이의 입장이고 신은 부모의 입장이다. 인간은 자동차이고 신은 자동차를 운전하는 운전사다.

몸의 주인은 인간이라서 팔다리는 자기 마음대로 할 수 있다. 그러나 인간의 생명은 인간 마음대로 할 수 없다. 인간 생명의 주인은 따로 있다. 이 세상에 존재하는 '나'는 결과이고 '내 생명의 주인'은 원인이 된다. 사람들은 자신의 생명의 주인이 따로 있다는 것을 모르고 있다. 자신의 생명도 자신의 몸처럼 자기 것으로 안다. 그러나 언제든 생명의 주인이 가자고 하면 어린아이가 부모에게 끌려가듯 안 갈 수 없다.

반대로 생명의 주인이 버리지 않으면 그 어떤 경우에도 죽지 않는다. 참혹한 대형사고 현장에서도 살아나는 사람이 있다. 스스로 세상 살기 싫어서 자살하여 죽는 사람도 있지 않냐고 반문할 수도 있을 것이다. 그렇지만 자살을 기도해도 생명의 주인이 버리지 않으면 목숨을 끊을 수 없다. 생명은 내가 원해서 갖고 태어난 것이 아니다. 생명의 주인, 즉 원인에 의해 태어난 것이다.

남의 것을 자기 것으로 생각하여 함부로 학대하거나 버리면 이 세상 법에서도 처벌을 받아야 하고 그에 대한 책임이 따른다. 하물며 생명의 주인이 준 하나밖에 없는 소중한 생명을 자기 마음대로 학대하고 버리면 어떤 책임이 따르겠는가? 그래서 자살은 가장 이기적이고 나쁜 행위이며 가장 큰 죄이다. 무지하기에 자살하는 것이다. 앞일을 알고 죽은 다음을 조금이라도 알고 생각하는 사람이라면 이 세상에 사는 것이 아무리 고통스럽고 힘들더라도 절대 자살하지 않는다.

자연을 보면 봄, 여름, 가을, 겨울이 있듯이 인간의 생명을 주인이 버리지 않으면 무병장수하게 된다. 인간에게도 가을과 겨울이 있다. 가을과 겨울이 되어 죽어야 하늘이 준 수명, 자연이 허락한 수명을 누리는 것이 된다. 병으로 아프고 병으로 죽는 것은 자연이 준 수명을 다 지켜내지 못한 것이다. 그래서 나는 병으로 아프고 단명하는 것은 죄라고 말한다.

소멸하지 않는 마음과 생각

 죽는 것이란 눈에 보이는 것이 소멸하여 없어지는 것이다. 눈에 안 보이는 것은 소멸하여 없어지는 게 아니다. 인간이 죽었다고 하는 것은 눈에 보이는 육신이 죽은 것이다. 눈에 안 보이는 마음과 생각은 그 어떤 경우에도 죽을 수 없고 그 어떤 방법으로도 죽일 수 없다.
 역사 속에 나오는 인물들의 이야기를 보아도 알 수 있다. 전쟁에서 포로로 잡혀가 고문을 당하면 참고 견디기 힘들어 항복한다고 하지만 그 말을 했다고 해서 진정 그들의 속마음까지 항복했다고 볼 수는 없다. 속으로는 복수할 생각을 버리지 않는다.
 '와신상담(臥薪嘗膽)'의 유래가 된 중국 춘추전국시대 오나라와 월나라 왕의 이야기는 잘 알려져 있다. 월나라 왕 구천이 오나라 왕

부차에게 패했고 구천은 부차의 몸종이 되었다. 하지만 구천이 그런 것은 살아남아 후일을 도모하기 위함이었다. 구천은 오나라 왕 부차에게 충성심을 보이기 위해 부차가 병으로 아파 누워 있을 때 부차의 똥을 먹어 보면서 "제가 대왕님의 똥을 먹어 보니 신맛이 납니다. 똥에서 신맛이 나는 것으로 보아 대왕님께서는 곧 건강이 회복되고 쾌차하시게 될 것입니다."라고 하였다. 그것을 보고 부차는 '한 나라의 왕이었던 저 사람이 내 종노릇을 하고 내 똥을 먹는 것을 보니 내가 더는 저 사람을 의심해선 안 되겠다.'라고 하여 구천을 월나라로 돌려보내 주었다. 구천은 그때부터 잠자리 옆에 쓸개를 매달아 놓고 하루에도 수십 번씩 쓸개를 빨면서 복수할 것을 다짐했다. 그리하여 마침내 오나라를 공격해 무너뜨렸다. 구천은 말로 항복한다고 하고 3년간 적의 몸종이 되었지만, 그의 마음은 항복하지 않았다. 부차는 구천의 마음까지 항복 받을 수는 없었다. 마음은 누구도 빼앗아 갈 수 없고 죽어도 소멸하지 않는다.

생각하는 두뇌는 농부가 농사짓는 땅과 같다고 할 수 있다. 똑같은 땅이라도 농부가 그 땅에 어떤 씨앗을 뿌리고 심느냐에 따라서 다른 모양, 다른 색깔, 다른 맛이 나는 열매들이 생겨난다. 세상을 보고 더러운 세상이라고 불평하는 사람은 불행하게 살아야 한다. 그 이유는 자신의 두뇌 속에 세상에 대한 불만만 심었기 때문이다.

교육 수준이 높고 영웅·황제처럼 사는 사람들은 자신의 두뇌에 언제나 긍정적인 생각을 심고, 교육 수준이 낮고 어렵게 사는 사람들은 부정적인 생각과 세상에 대한 불평불만만 심는다. 땅이나 두뇌나 심는 대로 난다. 가꾸고 생각한 대로 거둔다.

세상에 똑같이 빈손으로 태어나도 잘 살고 행복하게 사는 사람과 가난하고 불행하게 사는 사람이 있다. 그 차이는 눈으로 무엇을 보고 두뇌에 무엇을 심느냐에 따라 나뉜다. 좋은 음식도 불만으로 먹고 좋은 약도 불신으로 먹는 사람은 건강하게 살 수 없다. 수십 년간 상담하며 살펴본 결과, 불평불만이 많은 사람, 남과 세상 탓을 하는 사람들은 병으로 고통받고 어렵게 살았다. 그의 자식들도 좋은 자리에 진출하지 못하고 성공하지 못한 경우가 대부분이었다.

무지한 사람들은 행복이 눈에 보이는 곳에 있다고 생각한다. 눈에 보이는 돈, 명예, 권력에 있다고 믿는다. 그러나 세상만사에 영향을 미치고 중요한 것은 눈에 보이는 것이 아니고 눈에 보이지 않는 것, 즉 원인이다. 따라서 보이는 것에 마음을 두는 것은 참으로 어리석은 것이다.

똑같은 공간에 갇혀 있다 하더라도 창밖에 무엇을 보느냐에 따라 사람이 달라질 수 있다. 푸른 하늘을 보는 사람은 넓은 마음과 희망을 품게 될 것이고 하수구의 썩은 물을 보는 사람은 좁고 어두운 마음, 절망을 갖게 될 것이다. 마음은 그 어디에 가 있더라도 환경의 영향을 받지 않고 행복할 수 있다.

행복과 불행은 남이나 세상이 나에게 주는 것이 아니다. 내가 행복과 불행을 만들어내는 씨앗을 가지고 있다. '지성이면 감천', '하늘도 스스로 돕는 자를 돕는다.'라는 말이 있다. 행복과 불행은 마음과 생각에서 온다.

세상에서 제일 중요한 것은 마음이다. 세상에서 제일 무서운 것은 생각이다. 미래 세상은 마음과 생각으로 움직이는 세상이다. 세상에서 그 누구에게도 빼앗기지 않고 지킬 수 있는 것이 마음이다. 그래서 죽은 부모도 마음에 묻는 것이 제일 좋다고 말한다. 마음은 영원하기 때문이다.

지천기 수행이란

　산에서의 수행 생활은 혹독한 추위, 많은 불편함과 어려움 속에서도 자신과의 약속을 지키는 생활이다. 나는 산에 들어갈 때 수행 기간과 시간을 정하고 산에서는 일과까지 정하여 그 일정대로 엄격하게 생활한다. 기간을 정하고 산에 들어간 이상 몸이 아프고 가지고 들어간 먹을거리가 떨어져도 정한 기간 내에는 나오지 않는다. 먹을거리란 주로 소금과 미숫가루이고 간혹 쌀과 약간의 된장인데 이것들이 떨어져 20일 이상을 굶은 적도 많다. 또 산에 들어가려고 날짜를 정해 놓으면 가족이 아파도 들어가야 하고 가족이 죽어도 들어가야 한다. 나 자신에게 어떤 고통과 힘든 일이 생겨도 들어가야 한다. 그것은 나 자신과의 약속이면서 동시에 대자연, 신과의 약속이기 때문이다.

  수행은 약속을 지키는 것이 전부라고 해도 과언이 아니다. 사람은 편하기를 좋아하고 약속 지키는 것을 싫어한다. 그러나 수행의 기본은 편리하고 쾌락적인 생활을 반납하고 게으름에 굴복하지 않으며 자신과 한 약속을 잘 지켜 실천해 나가는 것이다. 상담을 받으러 오는 사람들에게 수행을 알려주고 수십 차례 당부를 받는 것도 바로 이 점이다. 나와의 약속, 곧 수행자 자신과의 약속을 잘 지킬 것인가, 지키지 않을 것인가.

  나는 수행을 하겠다는 사람들에게 다음과 같은 글을 써 주고 반드시 읽어 보고 서명하게 한다.

  모든 수행은 본인의 정성과 열정으로 하는 것이다. 가르쳐주는 사람은 길 안내자 역할을 할 뿐이다. 밥을 대신 먹어줄 수 없고, 화장실에 대신 가줄 수 없고, 잠을 대신 자줄 수 없고, 대신 아파줄 수 없고, 대신 죽어줄 수 없다. 본인이 꼭 해야 한다.

  수행은 다음과 같은 마음으로 해야 한다. 두세 살배기 어린아이가 엄마를 보고 싶어 하는 마음으로, 바다에서 배가 풍랑을 만나 파손되어 죽기 전 하늘을 쳐다보고 신에게 기도하는 마음으로, 무인도에서 길을 잃고 헤맬 때 애타게 방향을 찾는 마음으로, 뜨겁고 간절한 마음으로 해야 한다.

수행하고자 하는 사람들이 수행을 잘 해나갈 수 있도록 돕기 위해 나와 한 약속은 참으로 다양하고 복잡하다. 하지만 어떤 상황에서도 약속을 잘 지킨 사람들은 어려움과 힘든 고통에서 벗어나 기쁨을 찾았다. 40일을 넘기지 않고 그들이 원하는 기적 같은 소원을 이루었다. 나는 그런 사람들을 볼 때 최고의 보람을 느낀다. 하지만 약속한 것을 지키지 않은 사람은 어려움에서 벗어나지 못하고 불행한 일을 비껴가지 못했다.

기적 같은 소원이란 인간의 기술과 힘으로는 이룰 수 없는 것들을 말한다. 회사의 돈줄이 막혀 부도 위기에 있을 때 회사를 살리고 싶은 소원, 누명 쓰고 감옥에 가게 되었을 때 누명을 벗게 되는 일, 병원에서 포기하고 1주일 안에 죽을 것이라는 진단을 받은 불치병 환자의 소생, 수십 년째 앓고 있는 원인 모를 병의 치유, 평생 가난하게 살았는데 죽기 전에 자신의 집 한번 갖고 싶은 소원, 둔재라서 도저히 대학에 갈 수 없는 자녀의 대학 합격, 사법·행정 시험에 여러 번 떨어져 마지막 기회가 될지도 모를 때 시험 합격 … 이 외에도 꼭 이루고 싶은 소원이라고 하는 것은 사람마다 각기 다르고 참으로 다양하다.

수행에서 약속을 지키는 일이 왜 중요한가? 수행은 내 생명의 주인 및 대자연과의 약속이기 때문이다. 생명의 주인과의 약속은 내 개인의 욕망과 탐욕을 위해 세워지고 불려서는 안 된다. 생명의 주인의 뜻에 따라 세워지는 것이어야 한다. 다시 말해서 내가 좋을 때는 지키고 싫을 때는 버리는 그런 약속이 되어서는 안 된다. 어떤 상황에서도, 나에게 손해가 되더라도 한번 약속한 것은 지켜야 한다.

사람들은 약속 어기는 사람을 싫어한다. 한 번 두 번은 참고 속아도 주지만 다음부터는 그 사람과 약속을 하지 않고 그 사람의 말은 믿지 않는다. 약속을 지켰을 때 서로 간의 믿음과 신뢰가 형성된다. 생명의 주인도 마찬가지이다. 수행에 있어서 내 생명의 주인이 신뢰하고 믿을 수 있는 그런 인간이 되고 그런 약속이 되어야 한다.

생명의 주인과의 약속은 내 목숨과 같은 것이다. 따라서 생명의 주인과의 약속만 잘 지키면 인간이 바라고 원하는 대로 살 수 있다. 그래서 나는 말한다. 수행 하나만 잘 지키면 건강하고 행복하게 살아갈 수 있다고. 내가 지천기운과 수행법을 찾은 이후 수많은 분야의 수많은 사람에게 체험하게 한 후 얻어진 결과이기 때문에 분명하게 말할 수 있다.

수행은 여러 단계와 방법이 있다. 지천기 수행은 꼭 이루고 싶은 뜻과 목적을 분명히 세운 후 그것을 짧은 시간에 구하고 얻기 위해 심도 있게 하는 수행이다. 뜻과 목적을 이루기 위해 몇 년에서 몇십 년 하는 것이 아니다.

평범한 능력과 지식으로는 글로벌 경쟁의 시대에서 남보다 앞서 나가기 어렵다. 분명한 뜻과 목적에 대한 남다른 열정과 뛰어난 두뇌가 필요하다. 눈에 보이지 않는 힘과 능력을 얻는 것과 앞을 내다볼 줄 아는 지혜가 필요하다.

수행은 생명의 주인, 대자연이 허락한 태양 빛과 같은 강한 기운을 받음으로써 이 모든 것을 얻고 이루는 길이다. 수행하면 꿈과 희망과 행복이 파도같이 밀려오는 것이 보인다.

약속을 지키지 않는 사람

　사람들은 약속이 어떤 의미가 있는지 깊이 생각하지 않는다. 하늘에 구름이 끼면 비나 눈이 오듯이 사람이 가슴속에 거짓과 비밀의 구름을 담고 있으면 그것이 곧바로 병과 불행의 씨앗이 된다. 사람들은 거짓과 비밀을 가지고 있어도 그것이 병과 불행이 된다는 것을 모르기 때문에 약속을 지키지 않고 아무렇지 않게 거짓말을 한다.

　상담받으러 와서 나와의 약속을 지키지 않는 사람들은 세상 사람들과도 약속을 지키지 않는다. 그 사람이 믿는 신앙, 종교와도 약속을 지키지 않는다. 그런 사람은 가족 간에도 약속을 지키지 않고 가슴속에 거짓과 비밀을 안고 사는 경우가 많다.

　내 경험에 의하면 약속을 잘 지키겠다고 다짐을 쉽게 하는 사람은 그 어떤 경우에도 약속을 지키지 않는다. 그리고 은혜를 꼭 갚겠다고 여러 번 다짐한 사람은 은혜를 갚지 않고 등을 돌리고 배신한다. 감사의 마음은 어디로 갔는지 험담하고 비난하고, 심지어 고소·고발하는 경우도 있다. 상담하면서 둔재를 명문대에 가게 해주고, 불치 난치병을 고쳐주고, 여러 사건·사고를 해결해 주었지만, 감사의 인사를 받는 것이 아니라 고소·고발을 당하기도 했다.

상담을 받았던 사람들이 비방하고 고소·고발하는 이유는 딱 하나, 자신이 한 약속을 어기고 빠져나가기 위해서이다. 소원을 이룰 욕심으로 소원과 바람이 이루어지면 하겠다던 노력 봉사를 하지 않고, 내겠다던 성공 사례금을 안 내기 위해서이다. 주로 어렵게 살고 무지한 사람들이 약속을 지키지 않고 등을 돌리는 경우가 많다. 은혜를 고마움으로 간직하고 살면 복이 될 텐데 무지와 순간적인 욕심으로 인해 그렇게 하지 못하기 때문에 가난과 어려움에서 벗어나지 못한다.

병원에서 10일 안에 죽을 것이라는 50대 남자에게 수행법을 가르쳐 주고 병을 낫게 해 주었는데, 나는 감사하다는 말 대신 입에 담지 못할 욕을 먹었다. 병을 고쳐주면 아파트 한 채를 기증하겠다고 해놓고 죽을병이 낫자 아파트가 아까워서 병을 고쳐주고 돈을 받는 것은 의료법에 걸린다는 것이다.

나는 상담할 때 후에 약속을 어기고 변명하고 비난할 사람이라는 것을 알면서도 병자가 와서 눈물 흘리며 고통을 말하면 이내 마음이 약해져서는 산에서 죽을 고비를 수없이 넘기며 깨우친 수행비법을 돈도 안 받고 알려주고 병을 고칠 수 있게 해 주었다. 수십 년 동안 나의 이런 행위에 지쳐버린 가족들과 주변 사람들은 나를 '멍청이'라고 꼬집는다.

약속을 지키고 은혜를 배신하지 않으면 수행비법으로 고친 병은 절대 재발하지 않는다. 그러나 약속을 지키지 않고 은혜를 원수로 갚는 사람은 병도 어려운 일도 반드시 재발한다. 병을 고치고 간 50대 남자가 3년 만에 다른 곳에 병이 생겨 다시 찾아왔다. 병원에서 가망이 없다고 나가라고 하니 자신의 아버지와 자식을 데려와 지난번처럼 병을 고쳐주면 아파트 한 채를 주겠다고 눈물 흘리며 애원했다. 계속 속을 것을 알면서도 이 남자의 병을 고쳐주어야 할까, 인제 그만 속겠다고 하면서 고쳐주지 말아야 할까? 내가 고쳐주었을까? 안 고쳐주었을까? 이 책을 읽는 독자라면 어떻게 하겠는가?

인간을 세 부류로 나눠볼 수 있다. 약속을 무덤까지 가지고 가는 사람, 약속을 배신하는 사람, 그리고 아예 약속이란 것을 모르는 뚱 돼지 같은 사람이 있다. '사람은 약속을 지키고 짐승은 약속을 지키지 않는다.'라는 말이 있다. 동물은 약속이란 것을 모른다. 그런데 왜 만물의 영장인 사람이 화장실에 들어갈 때 마음과 나올 때 마음이 다를까? 약속을 안 지키는 사람들은 왜 계속해서 어렵고 힘든 일을 당하며 아프고 가난하게 살까?

자연은 원칙대로 흘러가고, 그 원칙에는 예외가 없다. 사람의 마음에는 양심의 땅이 있다. 약속을 안 지키고 가슴속에 비밀이 많은 것을 세상 사람들은 몰라도 자신은 알고 대자연의 위대한 신은 안다. 그래서 양심의 땅에 심어진 거짓과 비밀, 약속 불이행으로 만들어진 씨앗들이 가책되어 병이 되고 불운이 되는 것이다.

또한, 부모가 약속을 지키지 않고 거짓과 비밀을 가슴속에 간직하고 살면 대자연의 순리에 의해 그 불행의 씨앗이 자식과 후손들에게 대물림된다. 자식과 후손들을 불행하게 만들고 싶으면 약속을 지키지 않고 속이고 비밀을 만들면서 살면 된다. 그러나 자식과 후손을 사랑하는 사람이라면 자존심이 상하고 손해 보는 일이 있어도 자신이 한 말을 지키고, 가슴속에 비밀과 거짓 없이 살려고 노력해야 한다.

이 세상에서 약속을 잘 지키고 거짓말하지 않고 비밀 없이 살려면 참고 양보하며 살아야 한다. 법과 질서를 지키면서 살아야 한다. 그러나 사람들은 참고 양보하고 법과 질서를 지키면 손해 보고 바보처럼 사는 것으로 생각한다.

우리나라에서 최고의 부와 사회적 배경을 갖춘 사람들의 자식들은 왜 하나같이 군대에도 못 갈 정도로 건강이 안 좋은 것일까? 참고 양보하고 법과 질서를 지키면 손해 보고 바보처럼 사는 것으로 생각하는 사람들은 눈에 보이는 것에 목숨을 거는 사람들이다. 부모의 모든 것이 자식에게 상속되는 대자연의 순리를 모르는 사람들이다. 그런 의미에서 내가 병을 고쳐준 후에 약속한 돈을 못 받아도 그것은 결코 내가 손해 보는 것이 아니다.

약속을 지키고 고마운 마음도 잊지 않는 사람이 사랑받고 행복하게 사는 것은 진리이다. 상담한 후 총선에서 당선된 국회의원이 나와의 인연을 자신의 책에 언급하고 감사한 마음을 전해 온 적이 있다.

"다른 여러 곳에서는 대운이 없고 여러모로 보아 당선이 어렵다고 했습니다. 그 누구도 나의 당선을 생각하지 않았습니다. 그런데 선생님께서는 희망을 갖고 해 보자며 용기를 주셨고 말씀해 주신 대로 한 결과 당선되어 몇 번째 국회의원을 하고 있습니다. 용기를 주고 해법을 주신 선생님께 감사드립니다."

이 국회의원은 사회를 위해 많은 좋은 일을 하셨고 주위로부터 존경도 받았다.

체험·확인의 중요성

수행, 기도, 정성의 첫 번째 목적은 마음을 맑고 깨끗하게 하는 데에 있다. 다음으로 자신이 바라고 원하는 것을 구하고 얻는 데에 그 목적이 있다. 수행, 기도, 정성을 들이면 누구나 한 치 앞에 닥칠 사고와 불행을 알아야 한다. 그리하여 대비하고 사고와 불행한 일을 당하지 말아야 한다.

그런데 상담을 하면서 확인한 바로는 자신들은 물론 부모 대부터 평생을 믿고 정성 들였다고 하는데 집 한 채 없이 가난하게 살고, 가슴 아픈 일과 사고와 불행한 일을 당하고, 몸이 아파도 힘든 일을 하면서 초라하게 사는 사람들이 많았다. 나와 상담한 70대 여자는 평생 기도 정성을 들였다고 하는데 자식들이 사고로 불행하게 되고 억울하고 가슴 아픈 일을 당하게 될 것을 알지 못했다.

평생 수행, 기도, 정성을 들이고 좋은 일을 많이 하는 사람 중에도 왜 가난과 병으로 고통받고 초라하게 사는 사람이 많을까? 그 이유를 쉽게 설명하면 이렇다. TV와 휴대폰이 새것이고 명품이라도 전파를 받지 못하면 무용지물이 된다. 이처럼 수행, 기도, 정성을 들여도 무형의 지혜와 기운의 도움을 받지 못하면 돈 낭비, 시간 낭비가 되고 고생만 하게 된다.

편지를 보내면 답장을 받아야 '내가 보낸 편지가 도착했구나.' 하는 확인이 된다. 답을 받지 못하면 내가 보낸 편지는 나만 좋아서 보내는 짝사랑 편지가 된다. 마찬가지로 수행, 기도, 정성을 들이면 내가 들이는 수행, 기도, 정성이 내가 보내고자 하는 곳에 잘 전달되는지 확인이 되어야 한다. 확인하지 않은 상태에서 계속해서 들이는 수행, 기도, 정성은 나만 좋아서 들이는 짝사랑이 된다. 그런데 지천기 수행은 며칠만 해도 꿈인가 생시인가 하는 변화와 기적 같은 일을 체험·확인했다는 사람들이 많다.

경기도에서 암자를 하는 스님이 50대 여자를 데리고 와서 무엇을 하면 이 여자가 잘 살 수 있는지 사주를 봐 달라고 했다.

"저보다 스님께서 더 잘 아실 텐데 저에게 사주를 봐 달라고 하십니까?"

"이 사람은 저의 셋째 동생의 처입니다. 동생의 댁이 암자에 와서 정성도 많이 들이고 암자 일도 도와주는데 월세방에서 20년째 살고 있습니다. 남동생이 건축 일을 하다가 사고를 당해 허리를 다친 후 10년 동안 아무 일도 못 하고 있고, 동생의 댁이 남의 식당에서 일하여 두 자식을 공부시키고 병든 남편을 간호하면서 살아왔습니다. 그런데 몇 년 전부터 동생의 댁도 몸이 아파 힘든 일을 못 하니 암자에 와서 저를 도와주며 어렵게 살고 있습니다. 제 나이도 70이 넘어 젊어서처럼 기도 정성을 들이지 못합니다. 암자에 오는 신도도 줄어들고 암자 운영하기도 어렵습니다. 선생님에 대한 소문을 듣고 뵙고 싶어서 찾아왔으나 그때마다 산에 수행하러 가셔서 뵙지 못하고 오늘이 4번째입니다. 동생댁도 봐 주시고 어떻게 하면 암자가 잘 되고 신도가 늘어날 수 있는지 좋은 말씀도 해 주십시오."

"스님은 부처님께 정성을 들이지만 저는 종교가 없습니다. 종교가 없는 저에게 암자가 잘 될 수 있는지 물으시니 저를 아주 대단한 사람으로 보시나 본데 저는 운명 철학을 하는 사람입니다. 제가 산속에 들어가 몇 달씩 수행하는 것은 제 자식들을 위해서 하는 것이고, 세상에 나와 잠시 철학 상담을 하는 것은 수행하면서 발견한 내용을 실험하고 확인하고 싶어서입니다. 산에서 나와 세상에 한 달만 있어도 능력이 떨어지는 것을 느낄 수 있으니 어렵게 찾은 수행비법과 능력을 잃지 않고 유지하기 위해서 가족과 주위 사람들이 말려도 산으로 들어가는 것입니다. 운명 철학 하는 사람이 미래 일을 모르면 운명 철학 하는 사람이라고 할 수 없지요. 동생의 댁도 스님께서도 수행을 해 보시지요. 수행하기는 어렵지만 시작하면 바로 뜻한 바 목적을 이루고 변화를 체험·확인할 수 있습니다. 그래서 경험한 사람들은 좀 더 일찍 알았더라면 하는 말들을 많이 합니다."

스님의 동생댁은 내가 가르쳐 준 대로 수행을 해서 월세방에서 서울 강남에 있는 좋은 아파트로 이사를 하고 상가 건물을 매입해 매달 7천만 원 정도 임대료가 나오게 되어 부자 소리를 듣게 되었다. 스님은 20년 동안 사월초파일에 50개 이상의 등을 달아본 적이 없었는데 수행을 한 후 신도들이 늘어나 사월초파일에 200개의 등을 달고 서울 근처에 넓고 좋은 터를 마련하여 암자를 옮겼다는 소식을 전해 왔다.

세상에서는 돈이 사람을 위대하게 만들기도 하고 초라하게 만들기도 한다. 암자와 절, 교회도 신도가 없고 돈이 없으면 초라해 보이고 신도가 많고 돈이 많으면 따뜻해 보인다. 좋은 대학을 나와도 돈이 없으면 초라해 보이고, 초라해 보이는 사람은 은행이나 호텔에 가도 돈 많은 부자같이 예우해 주지 않는다. 머릿속에 뛰어난 지식과 가슴속에 뜨거운 정의와 진실이 있어도 월세방에서 가난하게 살면 초라하게 본다. 지구촌 어디를 가도 건강하고 돈이 있어야 사람대접을 받고 억울한 일을 당하지 않는다.

개인이 돈이 있으면 경호원을 두고 안전하게 살고, 국가가 돈이 있으면 방위를 튼튼하게 하여 안전하다. 방송이나 신문 지상에서 보면 인구 몇백만뿐인 나라가 인구 1억 명이 넘는 나라를 제압하고 호령하는 경우를 볼 수 있다. 인구가 많아도 지배를 받는 이유는 첫 번째가 지혜가 없어서이고, 두 번째는 돈이 없어서이고, 세 번째는 단결이 안 돼서이다. '쌀독에서 인심이 난다.'라는 옛말이 있다. 또 적과 싸울 때 병든 사람은 싸울 수 없고 후방으로 보낸다. 가난하고 병으로 아픈 것은 가정과 사회, 국가와 세계의 발전에 도움이 안 된다.

옛날 사람들은 제사에 쓸 놋그릇의 때를 벗기기 위해 기왓장을 부숴 가루를 만들어 짚으로 온종일 닦았다. 그래도 놋그릇의 때는 잘 벗겨지지 않았다. 그러나 요즘은 그릇을 닦는데 좋은 세제가 나와 수세미로 한 번만 스쳐 지나가듯 닦아도 새것처럼 반짝반짝 광채가 난다. 새것이 나왔는데 옛것만 고집해서 짚으로 그릇을 닦는 사람은 없다. 수행은 마음을 닦는 새로운 기술이다.

몸은 우주 과학시대에 살고 있으면서 마음은 수천 년 전 미개한 생각으로 사는 사람들이 많다. 마음과 정신도 우주 과학시대에서 살아야 한다. 행복의 길로 나아가는 새로운 방법과 기술인 수행법의 목적은 체험·확인이다. 백 마디, 천 마디 말보다 직접 자신이 체험·확인하는 것이 중요하다.

태양 빛과 바람이 있는 곳에

습기와 곰팡이가 생기지 않듯이

대자연 순리대로 살면 병에 걸리지 않고,

그 어떤 병도 고칠 수 있다.

병이 있으면

그 병을 치유할 수 있는

약과 길은 반드시 있다.

3
치유 안 되는 병은 없다

병의 원인과 치유

의술과 의학이 발달한 요즘 좋은 약이 많은데 왜 병으로 아프고 병으로 죽는 사람이 많을까? 왜 대형 병원의 숫자가 늘어나고 못 고치는 병이 점점 늘어갈까? 그 이유는 병의 원인을 모르기 때문이다. 세상만사 모든 것에 원인이 있듯이 가난의 원인, 병을 일으키는 원인도 있다. 원인을 알면 가난하게 살지 않을 수 있고 세상에 못 고치는 병도 없게 된다.

많은 의학자, 과학자들이 병의 원인을 말한다. 하지만 정확하게 확인된 것 없이 부분적인 지식, 부분적인 연구, 논리, 추론만으로 얻은 결과를 병이 생기는 원인으로 볼 수 없다는 게 나의 주장이다. 세상만사는 유형과 무형, 전체를 보아야 비로소 정확하게 알 수 있다.

병은 유형이 아닌 무형에서부터 온다.

　세상의 모든 것이 기의 작용이 아닌 것이 없다. 병이란 기가 약하면 생기고 기가 왕성하면 사라진다. 하수구 맨홀 뚜껑을 열어놓고 그 위에 앉아 보라. 역한 냄새가 올라오고 머리가 어질어질해진다. 몇 시간 앉아있으면 질식하여 쓰러지고 만다. 이번에는 천지가 꽃향기로 뒤덮인 꽃밭에 앉아있어 보라. 미소가 절로 지어지고 기분이 좋아진다. 온종일이라도 앉아있을 수 있다. 맑은 기운과 탁한 기운이 우리 몸에 미치는 영향은 이와 같다.

　원인인 마음이 몸을 움직이듯이 어둡고 습한 마음은 몸에 병을 일으키는 원인이 된다. 깨끗한 마음과 정신이 아닌 데서 병이 생기는 것이다. 대자연의 순행 질서대로 살면 몸에 병이 생기지 않고, 몸에 병이 생겼더라도 대자연의 순행 질서대로 치유하면 치유 안 되는 병이 없다.

　태양 빛과 바람이 있는 곳에서 습기와 곰팡이가 생기고 물건이 썩는 것을 본 적이 있는가? 태양 빛과 바람이 있는 곳에는 아무리 빌어도 습기와 곰팡이는 생기지 않는다. 반면에 습기가 많은 장마철에는 모든 사물이 물기를 머금고 썩고 부패하여 제대로 남아나는 것이 없다. 병은 우리 몸에 피는 곰팡이와 같다. 사람의 몸과 마음도 습하면 곰팡이가 생기고 썩게 마련이다.

　장마철에 썩고 부패한 사물들을 강렬한 태양 빛 아래 바람이 잘 통하는 곳에 놓아두면 그 습기와 곰팡이는 저절로 없어진다. 태양 빛과 바람이 있는 곳에서 습기와 곰팡이가 스스로 말라 없어지듯이 우리 몸에 있는 병균도 자연히 소멸하여 없어지게 된다.

　병든 환자를 태양 빛과 바람도 없는 폐쇄된 건물 속에 두고 먹는 것을 제한하며 독한 약과 주사를 놓고 힘들게 하면 병이 빨리 나을 리 없다. 병자를 폐쇄된 건물 속에 두고 약물치료만 하는 것은 습기와 곰팡이가 생겨 썩는 물건에 잠시 따뜻한 열기를 가하는 것과 같다. 일시적으로 습기와 곰팡이가 없어지는 듯하지만, 완전하게 복원되는 것은 아니다. 따뜻한 열기를 중단하면 시간이 지나면서 다시 곰팡이가 생기고 또 썩게 된다. 재발하는 것이다.

　인간의 기술이 아무리 좋고 능력이 뛰어나다 하더라도 대자연 앞에서 인간의 기술과 능력은 아무것도 아니다. 일본은 경제 대국이고 첨단과학 기술과 IT 기술이 뛰어난 나라지만 지진으로 인한 인명 피해는 줄이지 못하고 있다. 그 때문에 일본인들은 오랜 세월 동안 공포에 떨며 살고 있다. 세계를 지배하는 미국도 점점 더 강해지는 토네이도에 속수무책이다. 그런가 하면 세계 곳곳에서의 화산 폭발 위험 때문에 인간은 두려움에 떨고 있다. 인간은 화산 폭발을 막을 대안이 없다. 인간의 기술로는 가뭄과 한파도 조정할 수 없다.

병 치유도 마찬가지이다. 인간이 아무리 좋은 약을 연구하고 개발해도 약은 병을 앞서가지 못한다. 한발 뒤에서 허겁지겁 쫓아갈 뿐이다. 과학은 인간이 병에 안 걸리는 대안, 아프지 않고 살아가는 대안을 찾아내지 못한다. 그런데도 사람들은 병이 생기는 근본 원인은 알려고 하지 않고 아프면 병원으로만 달려간다. 죽고 사는 일을 병원에 맡기고 의사의 처분만 기다린다. 소중한 가족의 목숨을 돈으로 해결하려고 한다. 죽어도 대형 병원에서 죽겠다는 사람들이 늘어나고 있다. 병원에서 못 고치는 병은 고칠 수 없는 줄로 알고 병 고치는 길을 찾지 않는다.

그러나 세상에 병이 있으면 그 병을 고칠 수 있는 약과 길은 반드시 있다. 인간의 천적은 병균이다. 병균의 천적은 지천기다. 태양 빛과 바람이 있는 곳에 절대로 습기와 곰팡이가 생기지 않듯이 대자연의 순리대로 살면 병에 걸리지 않고, 병에 걸렸더라도 고칠 수 있다. 지천기는 강렬한 태양 빛과 같고 지천기 수행은 순리대로 치유하는 가장 좋은 방법이다.

나는 병을 고치는 것도 중요하지만 병의 원인을 정확히 찾아내어 병에 안 걸리도록 예방하는 것이 가장 중요하다고 강조한다. 지기와 천기를 비롯한 '기'라고 하는 것은 주변 대자연으로부터 오는 것이지만 인간 스스로 기를 만들어내기도 한다. 마음에서 병이 오듯이 자신이 스스로 좋은 기를 만들어내는 마음의 기본이 되어야 병에 걸리지 않고 대자연의 지천기도 받을 수 있다. 다시 말하면 의심과 불신하는 마음에서는 탁한 악기, 상극의 기가 자체적으로 생겨 충전되어 대자연에 순행하는 기를 받기 어렵고, 긍정적으로 좋게 보는 마음에서는 선한 생기가 자체적으로 만들어지기 때문에 대자연에 순행하는 기를 자연스럽게 받아들이게 된다.

순리대로 살고 순리대로 치유하는 것보다 더 좋은 명약과 방법은 없다. 의학 전문의들과 병이 생기는 원인에 대해 논하면 그들은 내 말이 논리적으로 맞는다고 인정한다. 서울 종로에 있는 한의원 원장님이 나와 대화한 후 다음과 같이 말했다.

"선생님께서 병 고치는 방법은 제가 병 고치는 방법보다 50점 앞서가십니다. 선생님이 말씀하시는 병의 원인을 이해하고 인정합니다."

태양 빛과 바람이 있는 곳에 습기와 곰팡이가 생기지 않듯이 순리대로 살아야 병으로 아프고 병으로 죽는 일이 없게 된다.

원기충전 방법, 지천기 수행

　전신 소아마비 병자라도 교육 수준이 높고 잘 사는 집에 있으면 병을 고쳐 정상적으로 살아갈 수 있다. 그러나 교육 수준이 낮고 가난한 집에 있으면 죽는 그 순간까지 병을 안고 살아가게 된다. 왜 그런 차이가 날까? 교육 수준이 높고 잘 사는 사람은 한 가지 방법에만 몰두하지 않고 두루두루 치유 방법을 찾아 병을 고치려 노력한다. 그러나 교육 수준이 낮은 사람은 병원에서 못 고치는 병은 고칠 수 없다고 생각하고 죽는 날만 기다린다.
　교육 수준이 높고 지혜로운 사람은 만병의 원인이 원기가 쇠약한 데 있다는 것을 잘 이해한다. 따라서 쇠약해진 원기를 보강하기 위해 병자를 잘 먹이고 기분을 좋게 해주고 마음을 편안하게 해 준다.

병은 마음먹기에 따라 치유가 되기도 하고 안 되기도 하기 때문이다.

무지하고 외통수인 사람은 약을 먹어야 병이 낫는다고 믿는다. 남의 말만 듣고 몸에 좋은 음식과 나쁜 음식을 가려 병자에게 먹이고 독성이 있는 약만 먹으라고 강요한다. 그러나 원기가 쇠약한 병자가 독성이 있는 약을 계속 먹으면 원기는 더 쇠약해져 몸이 병균과 싸워 이길 수 없게 된다.

요즘 좋은 약이 많은 것 같아도 아픈 것이 없어지고, 몸보신도 되고, 먹을수록 몸 전체가 좋아지는 그런 약은 없다. 원인과 결과의 관계, 음과 양의 관계에 따라 한쪽이 좋으면 반드시 다른 한쪽은 안 좋게 되어 있다. 양지가 있으면 음지가 있듯이 약을 먹으면 한쪽은 좋아져도 다른 한쪽이 나빠지는 경우가 허다하다. 약으로는 병에 안 걸리게 할 수 없고 병을 근원적으로 치유할 수 없다.

우리 몸의 원기는 자동차 배터리와 같다. 배터리가 약하거나 방전되었을 때는 1급 정비기술자가 오더라도 자동차를 움직일 수 없다. 시동을 걸려면 배터리에 충전부터 해야 한다. 병도 이와 같다. 병에 걸렸을 때 가장 먼저 해야 할 일은 원기를 충전하는 일이다.

극도로 쇠약해진 원기를 충전하는 데는 두 가지 방법이 있다. 곡기로 몸의 원기를 회복하거나 대자연의 기를 직접 받는 것이다. 곡기로 원기를 회복하려면 병균을 없애는 음식을 섭취하고 전반적으로 잘 먹어야 한다. 그런데 병자가 음식을 먹어 병균과 싸워 이길 만큼 원기를 강하게 충전하려면 많은 시간이 걸린다. 원기가 쇠약하여 병에 걸리면 육체와 정신의 모든 기능이 약해져 있으므로 음식을 먹어도 소화를 시키기 어렵다. 이때는 산삼, 녹용도 소용이 없고 아무리 좋은 명약이라도 몸에 약발이 받지 않는다. 또 이때 수술을 하면 99% 잘못되고 죽게 된다.

원기를 충전하기 위해서는 대자연의 기를 직접 받는 것이 가장 빠르고 좋은 방법이다. 그러나 병자는 스스로 할 수 있는 것이 별로 없기 때문에 스스로 원기를 충전하는 것 또한 어렵다. 이때 건강한 사람이 병자를 위해 대신 원기를 받아 병자에게 전해줄 수 있는데 그것이 수행법으로 가능하다. 가족 중 건강한 사람이 병자를 위해 수행하면 병자가 원기를 회복하고 병자 몸속의 병균이 자연적으로 소멸한다.

원기는 강렬한 태양 빛과 같다. 태양 빛이 내리쬐는 곳에 습기와 곰팡이가 생길 수 없듯이 원기가 왕성하면 있던 병균은 자연적으로 소멸하고 감기나 전염병, 그 어떤 병에도 걸리지 않는다.

원기가 쇠약한 병자에게 가장 먼저 원기충전이 필요하고, 다음으로 병자의 마음을 기쁘고 안정되게 하여 병자 스스로 원기를 만들어 낼 수 있게끔 해주어야 한다. 병자에게 큰 병이라 수술도 어렵고, 치료도 안 되고, 좋은 약도 없다고 말해주면 병자는 크게 상심하여 원기는 더 약해진다. 그러나 마음을 기쁘게 해 주고 병을 고칠 수 있다는 자신감과 긍정적인 마음을 갖게 해 주면 치유는 더욱 잘 된다.

가족을 사랑하고 무서운 병으로부터 병자의 건강을 찾아주고 싶은 사람이라면 말로만 병자를 '위한다, 사랑한다' 하지 말고 원기충전을 해 주어야 한다. 병상만 지키고 있는 것은 병자에게 아무런 도움도 안 된다. 약으로 치유가 안 되는 경우는 있어도 원기로 치유가 안 되는 경우는 없다. 뼈가 부러지고 신체 부분이 잘려나간 것은 병원에 가서 붙이고 이어야 하지만 그런 것을 제외하고는 태양 빛과 같은 지천기를 받는 수행으로 치유 안 되는 병은 없다.

기적이다. 기적이야!

용문산에서 일정 기간 수행을 마치고 잠시 양평에 기거할 때, 양평군에 있는 한 교회의 목사님이 나를 찾아왔다.

"선생님, 부탁이 있어서 찾아왔습니다. 사람 하나 살려 주십시오. 우리 교회에 다니는 집사님 한 분이 후두암으로 죽게 생겼습니다. 서울 유명 대학병원에서 수술과 치료를 받았으나 병이 악화하여 병원에서는 가망이 없다고 집으로 데려가라고 합니다. 우리 교회를 열심히 다니고 신앙심도 깊은 집사님인데 데리고 올 테니 보고 좀 살려주십시오."

"병원에서 못 고치는 병을 내가 무슨 재주로 고쳐 사람을 살리겠습니까? 내가 병자들을 상담하기는 합니다만, 병원에서 못 고치는 병이라도 병이 있으면 그 병을 고칠 수 있는 길이 반드시 있다고 용기를 주면서 내가 아는 방법을 가르쳐 주는 것뿐이지 병자를 내 손으로 직접 고쳐주는 것은 아닙니다."

"예. 선생님에 관한 이야기는 소문을 들어 잘 알고 있습니다. 제발 거절하지 마시고 간절한 청을 받아 주십시오."

목사님이 병자를 데리고 왔다. 이제 막 40세를 넘긴 듯 보이는 여자였다. 어찌나 기침을 심하게 하는지 후두암보다는 기침 때문에 죽겠구나 싶었다. 나는 병자에게 물었다.

"대학병원 의사도 못 고치는 병을 의사도 아닌 내가 고칠 수 있다고 생각해서 찾아왔습니까?"

병자가 뭐라고 말을 하는데 나는 알아들을 수가 없었다. 목사님이 듣고서 대신 대답했다.

"병 치유에 좋다는 곳은 다 가 보았고 좋다는 것은 다 해 보았으나 낫지 않아서 마지막으로 찾아왔다고 합니다. 선생님을 보는 순간 자신의 병을 선생님께서 고쳐주실 것 같은 생각이 들었다고 합니다."

나는 더 거절할 수가 없어서 목사님에게 병자를 교회로 데리고 가서 7명의 교인이 돌아가며 하루 세 번씩 수행을 해 보라고 방법을 가르쳐 주었다. 병자가 왔다 간 지 이틀째 되는 날 30대 후반으로 보이는 남자가 찾아왔다.

"여기 왔다 간 병자가 제 누님입니다. 몇 군데 대학병원에서도 못 고치는 병을 당신이 어떻게 고친다는 것입니까? 사기 치지 마십시오. 사기 치면 가만두지 않을 것입니다. 나는 서울에 있는 신문사 기자입니다. 당신은 사기꾼이야. 사기 치려고 접근한 것이지? 가만두지 않겠다."

청년은 큰소리로 비난하더니 마지막엔 아예 반말로 협박하고 돌아갔다. 그러나 교회 신도들은 병자를 위해 합심하여 내가 가르쳐 준 대로 수행했다. 시작한 지 며칠 만에 병자의 통증이 없어지고 기침도 멈췄다. 병자는 죽도 먹고 말도 조금씩 하게 되었다. 그리고 한 달이 지나자 마침내 병이 다 나았다. 병자는 지금까지 10년이 넘도록 건강하게 살고 있다.

목사님이 처음에 나를 찾아와 신도의 병을 고쳐달라고 했을 때 서울에 사는 초등학교 교사 부부에게서 나의 이야기를 들었다고 했다. 그 교사는 50년 동안 다리를 절며 고통 속에서 살고 있었는데 역시 수행으로 병을 고친 사람이었다. 자신이 가르치는 아이의 학부모로부터 소개를 받고 나에게 왔었다. 교사는 다리 뼈마디가 녹아내리는 것 같이 늘 아파서 좋다는 병원은 다 찾아다니고 용하다는 약은 다 써 보고 절에 10년이 넘도록 촛불을 밝히며 공을 들이기도 했다. 그래도 통증은 낫지 않았고 고통 속에서 다리를 절뚝거리며 교단에 서 왔다. 목사님은 내게 말했다.

"그분의 평생소원이 운동장 한 번 달려보는 것이었는데 운동장 3바퀴를 뛰었고 그것을 본 동료 교사들이 '이게 웬일이냐? 기적이다. 기적이야!' 하면서 축하를 해 주었다고 합니다. 그 후 두 아들을 데리고 문경새재를 걸어서 넘었다고 자랑하면서 선생님을 찾아가 보라고 했습니다."

그리하여 목사님이 나를 찾아온 것이었다. 병자는 건강해지자 다시 나를 찾아와 살아생전에 이 은혜를 잊을 수 없다고 그녀의 목소리로 말했다. 나를 협박했던 병자의 동생이란 기자는 나타나지도 않았다.

태어나면서부터 소아마비로 한쪽 다리를 절고 다니던 사람이 어떻게 달릴 수 있게 되었을까? 밥도 못 먹고 말도 못 하고 대학병원에서 치료를 포기한 병자가 약도 먹지 않고 침도 맞지 않고 어떻게 병이 나았을까? 병이 나은 사람도, 주위에서 본 사람들도 낫는 줄도 모르게 나았다며 신기하고 기적 같은 일이라고 했다. 세상일이 모르면 신기하고 어렵지만, 알고 나면 단순하고 쉽다. 사람들은 무작정 믿고 기도하면 언젠가는 자신의 소원이 이루어질 것으로 생각한다. 그러나 체험과 확인 없는 짝사랑 기도는 아무 소용이 없다. 전파가 통해야 통화가 되듯이 서로 대화가 오고 가는 수행, 기도, 정성이 되어야 힘과 에너지가 발생한다.

27년 만에 일어난 아들

대구에 사는 50대 후반 서경주라는 남자가 부인과 함께 상담을 받으러 왔다. 어떻게 알고 왔느냐고 하니 친한 거래처 사장님이 소개했다고 했다.

"대구에서 여기까지 먼 길인데 무슨 일로 오셨나요?"

"선생님께서는 불치 난치병을 고치신다고 해서 왔습니다."

"나는 의사도 약사도 아닌데 병원에서 못 고치는 불치 난치병을 어떻게 고치겠습니까? 나는 세상에서 어렵고 힘들어 모두 안 된다고 포기한 일들에 대해 상담받으러 온 당사자들을 보고 관찰하여 철학적으로 해결하는 방법을 제시해 주는 사람입니다."

"예. 저희와 오래도록 거래하는 이진수 사장님의 어려운 회사 문제도 해결해 주셨다고 들었습니다. 많은 불치 난치병 환자들의 병을 고쳐 건강을 찾게 해 주셨다는 말도 들었습니다. 저는 이진수 사장님과 20년 동안 거래하고 있고 그분을 신뢰하고 있습니다."

"나에게 상담을 받고 간 사람들이 모두 병을 고친 것은 사실이나 내 손으로 침을 놓거나 약을 써서 병자를 고치는 것이 아닙니다. 나는 병원에서 못 고치는 병이라도 병자의 가족들이 병을 꼭 고쳐야겠다는 화산같이 솟아오르는 뜨거운 희생정신이 있으면 병자에게 기적이 나타난다고 말합니다. 그런 가족이라면 병자를 위해 가슴과 같이 생긴 산의 명치 자리에 가서 심도 있는 수행을 해 보라고 방법을 가르쳐 줍니다."

"그럼, 제 아들의 병도 나을 수 있을까요? 제 아들이 27년 동안 방에만 누워 있습니다. 소·대변도 누워서 보고 일어나지도 앉지도 못합니다. 혼자서는 밥도 물도 먹지 못합니다. 몸은 움직이지 못하지만, 정신은 온전해서 어디가 아프고 힘들다고 말합니다. TV도 가족들이 도와줘야 보는데 TV를 보면서 가끔 우는 것을 보면 너무나 가슴이 아픕니다. 운동장에서 축구 경기하는 것을 보다가 울고, 사랑하는 남녀가 자동차를 타고 다니는 것을 보면서 눈물을 흘립니다. 혼자서 움직일 수 있었다면 스스로 목숨을 끊었을 것입니다. 그래서 우리 부부 중 한 사람은 늘 집에 있으며 아들을 돌봐야 합니다."

"병원 검사나 다른 치료는 해 보았습니까?"

"부모님이 설립하신 회사가 잘 되어 경제적으로 어려움은 없습니다. 그래서 자식의 병을 고칠 수 있는 병원이 있나 싶어 미국에 유명한 병원과 의사들을 찾아가 보고 중국에서도 찾아보았지만, 병을 고칠 수 있는 곳을 찾지 못했습니다. 자식의 병을 고치기 위해 쓴 돈만 해도 집 몇 채 값은 될 것입니다. 돈만 있으면 무엇이든 할 수 있다는 세상이지만 저희는 운이 없어서 그런지 많은 돈을 썼는데도 아들의 병을 고치지 못했습니다. 그동안 저희는 자식의 병을 고치기 위해 좋다는 것은 다 해보았습니다. 3,000배도 여러 번 하고, 좋다는 기도 정성도 다 해보고, 지리산 도인도 찾아가 보았고, 용하다는 무당에게 점도 쳐보고 굿도 해 보았습니다. 그러나 병은 낫지 않았습니다. 풍수학 하시는 분이 사는 집이 안 맞아서 그런다고 하여 이사도 여러 번 했고 부모님 산소도 옮겨 보았습니다. 그래도 아들의 병은 차도가 없습니다. 세상에서 병을 잘 고치는 유명한 곳이 있다고 하면 저희 부부는 다 찾아갔습니다. 그러나 운이 없어서 그런지 아들의 병은 그대로입니다. 오랜 세월 동안 하도 많이 다녀봐서 이제 방송이나 책에서 좋은 곳이 있다 해도 가지 않습니다. 그런데 선생님에게 온 것은 20년간 거래한 이진수 사장님이 회사 일로 선생님 상담을 받고 기적 같은 일이 있었다고 하시면서 상담이라도 받아 보라고 해서 마지막이라고 생각하고 온 것입니다. 이진수 사장님은 교회 장로로 계시고 대구에서 좋은 일을 많이 하시기로 소문나신 분입니다."

이야기를 듣고 있으려니 부모의 안타깝고 속 타는 심정이 느껴졌다.

"선생님, 저희는 아들의 병이 완치되는 것은 바라지도 않습니다. 혼자서 밥이라도 먹을 수 있었으면 좋겠습니다. 요즘은 아들만 보면 저절로 눈물이 납니다. 병을 고치러 세계를 돌아다니다 보니 이제는 저희 부부도 건강이 좋지 못합니다. 저희가 병이 들거나 죽으면 누가 우리처럼 아들을 돌봐주나 하는 생각에 자꾸 눈물이 납니다. 자식이라고 아들과 딸, 둘뿐인데 딸은 미국에서 살고 있어서 일 년에 한두 번밖에 못 봅니다. 이런 말씀 드리면 안 되지만, 돈을 후하게 주어도 부모 같은 정성으로 간호해 주는 사람은 없습니다. 회사에 급한 일이 있어서 저희 부부가 집을 비울 때는 간병인이 와서 돌봐주게 합니다. 간병인에게 맡기고 나갔다 오면 아들은 "엄마 나가지 마. 엄마하고 있고 싶어" 하면서 웁니다. 그러면 가슴이 미어집니다. 저희가 죽고 나면 아들은 누가 돌봐주나 생각하면 잠이 안 옵니다. 저희는 아프지도 않고 건강하던 사람이 사무실에서 사무 보다가 갑자기 죽는 것도 보았습니다. 사람이 죽는 것은 아무도 알 수 없습니다. 자다가도 죽고 밥 먹다가도 죽고 샤워하다가도 죽는다지 않습니까? 건강하다고 안 죽는 게 아닙니다. 그런데 저희 부부는 건강도 좋지 못하니 더 자식 걱정이 됩니다. 잘 되고 꽤 괜찮은 회사인데 저희가 죽으면 그 회사는 또 누가 관리합니까? 그래서 아들이 혼자 밥이라도 먹을 수 있으면 하는 마음이 간절합니다."

부부는 한참 동안 눈물을 흘리며 긴 사연을 털어놓았다.

"두 분의 말씀을 들으니 마음이 아픕니다. 자식의 병을 고치기 위해 온갖 것을 다 해보고 애도 많이 쓰셨는데 이 방법은 해보지 않으셨으니 제가 말씀드리는 방법을 한번 해보시지요. 현재까지 저에게 많은 병자가 상담을 받고 갔는데 거의 모두 치유되었습니다. 저는 병이 치유되고 안 되고, 병자가 죽고 사는 것은 약이나 의사의 기술보다 보호자들의 힘이라고 믿습니다. 상담하며 확인한 것을 보아도 병 치유와 죽고 사는 것은 보호자들의 관심과 열정에 달려있었습니다. 이 세상 사람 모두는 손님 아들의 병은 고칠 수 없다고 말할 것입니다. 그러나 나는 고칠 수 있다고 생각합니다."

나는 먼저 병에 걸리는 원인에 대해 말해주고 수행에 관해 설명해 주며 다음과 같이 말했다.

"하늘 아래, 땅 위에서 아들을 가장 사랑하고 아들의 병을 고쳐주고 싶어 간절히 바라는 사람은 두 분일 것입니다. 부모의 조건 없는 사랑으로 치유 안 되는 병은 없습니다."

부부는 미국에 있는 유명한 의학박사에게서도 병의 원인을 듣지 못했다며 감탄하고 감사의 인사를 했다. 부부는 돌아가 지극정성으로 수행하여 약 한 달 만에 아들의 병을 고쳤다. 아들은 건강하게 되어 부부와 같이 회사에 나가고 결혼도 하여 잘살고 있다.

전 세계 곳곳에 헤아릴 수 없는 많은 장애인들이 현대의학으로 치유가 안 되는 불치병으로 판정을 받고 희망도 없이 하루하루 살아가고 있다. 그러나 나는 이 모두가 치유될 수 있고 건강하게 살 수 있는 사람들이라고 생각한다. 서경주 부부와 같은 조건 없는 자식에 대한 사랑과 정성만 있으면 불치 난치병으로 고통받는 사람들은 없게 된다.

수행으로 병을 고치는 것은 병의 종류와 상태와는 관계가 없다. 움직일 수 있는 병자라면 병자 스스로 수행하면 가장 좋고, 움직일 수 없는 병자라도 가족의 정성 어린 수행 노력만으로 언제 나았는지 모르게 통증 없이 병이 낫는다. 가족들이 얼마나 병자를 위해 열심히 치유 방법을 찾고 얼마나 사랑과 정성으로 노력하느냐에 따라 병자가 살기도 하고 죽기도 한다.

병자의 생명은 가족에게 달려있다

원기가 쇠약해지면 병에 걸리고 병에 걸리면 급격히 원기가 없어지기 때문에 병자 혼자의 힘으로 치유 방법을 찾아다니고 건강을 회복하기는 어렵다. 병자는 보호자인 가족들의 뜻대로 따라 다닐 수밖에 없다. 병자는 병을 고쳐 살고 싶은 마음이 간절하지만, 솔직히 병자의 가족들은 병자만큼 간절한 마음은 아니다. 고통을 당하는 당사자가 아니기 때문이다.

현대인들은 너나없이 편한 것을 좋아한다. 병자와 병자의 가족 간에도 옛날 같은 따뜻한 정이 없어졌다. 부부 금실이 아무리 좋아도 한 달만 소·대변을 싸면서 누워 있으면 정이 없어지고 사이가 멀어진다. 그래서인지 가정에 병자가 생기면 119로 전화하여 병원에 입원시키고, 보호자는 의사로부터 결과 보고를 받고 병원에 돈만 갖다 주면 된다고 생각한다. 더 크고 시설 좋은 대학병원에 입원시키는 것으로 보호자의 역할을 다했다고 생각한다. 그러다가 병원에서 못 고치는 병이라고 하면 가족들이 병자를 위하는 마음이 있다고 해도 쉽게 포기해 버린다. 병원 외에 다른 곳, 다른 방법을 찾아 나서려 하지 않는다. 그 이유는 병원 외에 다른 치유 방법은 믿을 수 없고 보호자의 할 일도 많은데 바쁜 세상에 사서 고생할 필요가 없다고 생각하기 때문이다.

하지만 현대의학으로 고칠 수 있는 병이 전체의 20~30% 정도에 불과하다는 것은 이미 의학계에서도 인정한 사실이다. 그리고 병원 외 다른 치유법으로 병을 고친 사람들의 이야기가 적지 않게 있는 것도 사실이다. 병 치유의 목적은 병을 고치는 데 있는 것이지 다른 데에 있는 것이 아니다.

상담했던 두 가족의 상반된 사례를 소개하겠다. 첫 번째는 부모의 병을 고치기 위해 상담을 받으러 온 부부의 이야기다. 경기도 광주에서 사업하는 40대 부부가 60대로 보이는 병자를 데리고 상담을 받으러 왔다. 40대 부부는 아들과 며느리이고 60대로 보이는 사람은 부모였다. 40대 아들이 내게 물었다.

"병원에서 저희 아버지가 암이라고 합니다. 그런데 아버지가 어디서 무슨 소리를 들으셨는지 병원에서는 완치가 빨리 안 되어도 여기를 오면 바로 치유가 되는 길이 있다고 가자고 해서 왔습니다. 선생님도 자격증이 있는 의사입니까?"

나는 묻는 남자에게 설명했다.

"여기는 병원이 아니고 운명 철학 상담하는 곳입니다. 그리고 나는 의사가 아니고 철학가요. 세상에서 안 된다는 어려운 일을 가지고 오면 되는 방법을 찾아 가르쳐 줍니다."

내 말이 끝나자마자 병자인 60대 아버지는 좋아하며 말했다.

"봐라. 잘 왔다. 이 선생님은 병원에서 못 고치는 병이 잘 치유되는 방법을 가르쳐 주시는 유명한 분이야. 선생님, 제 병이 바로 치유될 수 있지요? 병원에서 항암 주사를 맞으니 통증이 너무 심해 아프고 힘들어 견딜 수가 없습니다."

나는 몇 가지를 물어본 후 방법을 가르쳐 주었다. 그리고 아들에게 물었다.

"아버지의 병은 병원에서 고치기 어려운 상태인데, 아버지의 병을 고쳐드리고 싶은 마음이 얼마나 있습니까? 시간과 돈은 얼마나 투자할 준비가 되어 있습니까?"

아들은 조금의 기다림이나 망설임도 없이 대답했다.

"제 아버지 병이 낫기만 한다면 시간과 돈이 문제겠습니까? 아버지께서 만들어 놓으신 회사가 꽤 잘 되고 돈도 충분히 있으니 아무 걱정하지 마시고 병이 빨리 낫는 방법을 가르쳐 주시면 최선을 다하겠습니다."

나는 그 말을 듣고 아버지를 향해 말했다.

"아버지께서 참 좋은 아들을 두셨네요."

병자는 기뻐하며 고맙다고 인사했다. 상담 후 나가던 아들이 혹시라도 궁금한 것이 있으면 묻겠다며 내 전화번호를 물어서 가르쳐 주었다. 그들이 나가고 30분쯤 지났을 때 40대 아들에게서 전화가 왔다.

"선생님 말씀은 고맙지만, 선생님께서 가르쳐 주신 방법대로 저희는 못합니다. 저희는 회사 일이 매우 바쁩니다. 그리고 선생님께서 가르쳐 주신 수행법은 처음 들어보는 것이라 이해도 안 되고 그렇게 해서 병이 나을 것 같지도 않은데, 시간 낭비, 돈 낭비 하고 싶지 않습니다. 아버지 나이가 60이 넘으셨으니 살 만큼 사셨고 대학병원에서 못 고치는 병이 어떻게 수행한다고 고쳐지겠습니까? 선생님 말씀은 고맙지만, 저희 아버지 병 치유법은 안 들은 것으로 하겠습니다. 혹시라도 저희 아버지, 어머니께서 전화하시면 치유가 어렵다고 그렇게 말씀해 주세요. 부탁드립니다."

그렇게 말하고 40대 아들은 전화를 끊었다.

두 번째 가족은 아들의 병을 고치기 위해 온 어머니 이야기다. 내가 요가원 원장으로부터 소개를 받아 김요한 검사를 만났을 때 김 검사는 3년 동안 병원에 입원해 있다가 가정 사정으로 퇴원한 상태였다. 김 검사는 혼자서 할 수 있는 것이 거의 없었다. 화장실도 못 가고 걷다가 쓰러져서 얼굴도 다치고 앞니가 부러져 있었다. 무엇인가 소리를 내는데 아무도 그 말을 알아듣지 못했다. 요가원 원장이 이런 김 검사의 병도 치유될 수 있느냐고 물었다.

내가 김 검사의 보호자를 오라고 하니 검사의 부인이 왔다. 그런데 김 검사의 부인은 이미 병을 못 고친다고 마음속으로 포기한 상태였다. 기적은 누구나 체험·확인할 수 있으니 내 말을 듣고 해보라고 권했으나 지천기는 이해할 수 없고 대학병원에서도 못 고치는 병을 고친다는 것을 믿을 수 없다며 냉정히 거절하고 돌아갔다.

그러고서 김 검사의 어머니가 왔다. 김 검사의 어머니는 내가 하는 말을 이해하는 건지 아닌지 알 수는 없으나 내가 말할 때마다

"고맙습니다. 감사합니다."라고 하면서 "자식의 병만 고칠 수 있다면 부모로서 못할 것이 무엇이 있겠습니까?" 하고 말했다. 검사 어머니는 경기도 수락산 밑 한적한 곳을 골라 방을 얻어 김 검사를 데리고 가서 돌보며 내가 가르쳐 준 대로 수행을 했다. 검사 어머니가 수행을 한 달쯤 했는데 검사가 보호자 없이 혼자서 버스 타고 다니면서 친구를 만나러 다닐 정도로 건강해졌다.

대부분 사람은 앞에서 말한 40대 아들과 같은 생각을 하고 있다. 가족의 병을 고쳐주고 싶은 마음은 있지만, 병원에서가 아닌 치유 방법은 보호자들이 할 일이 많아서 어려워한다. 그래도 죽음의 병에 걸려 병원 의학박사들이 못 고친다고 포기해도 그 병을 고쳐 보려고 병원을 떠나 다른 곳을 찾아다니는 사람은 병자의 부모이다. 자식이 병들면 부모는 자식을 살려 보려고 잠 안 자고 가슴 조이며 생각한다. 내가 상담한 사람 중에 수행으로 죽음의 병을 고친 사람들 대부분이 부모가 자식의 병을 고친 경우이다. 다음으로 부부가 모범적으로 정답게 산 사람들이고, 간혹 사이좋은 형제가 있다. 자식이 부모의 병을 고치기 위해 수행을 하겠다는 사람을 불행히도 나는 아직 한 사람도 만나지 못했다.

부모들은 자신이 낳은 자식을 위해 몸종같이 희생하며 자식 잘되기만을 바라며 살았지만, 자식들은 부모와 정반대이다. 다 그런 것은 아니겠지만 재산이 많을수록 자식이 부모의 병을 고치는 데 관심이 없다. 젊은 자식들은 부모 앞에서는 병만 낫는다면 무엇이든 하겠다고 말하고 부모 없는 데에서는 병 고치는 것도 좋지만 '수행으로 병을 고치는 것은 이해도 안 되고, 그럴 시간도 없고, 그런 노력은 하기 싫습니다.'라고 말한다.

그러나 병이 나을 수 있다는 가족 모두의 긍정적인 생각과 가족들의 사랑, 노력과 희생이 죽음의 병이라도 고칠 수 있는 최고의 명약이자 신비와 기적을 부르는 힘이라고 나는 말한다.

낙태할 뻔한 아이

이제 막 재혼을 한 50대 최지성은 나와 오래전부터 친분이 있는 사람이다. 결혼한 상대 40대 여자는 젊어서 결혼을 했는데 아이를 못 낳는다는 불임 판정을 받고 이혼을 당했다. 아이를 못 낳는다는 것은 평생 여자에게 매우 심한 상실감을 주었다. 나는 여자에게 아이를 낳을 수 있다는 희망을 주고 두 사람에게 수행할 것을 권했다. 여자가 수행을 시작한 지 약 2개월 만에 임신이 되었다. 여자는 매우 기뻐하며 나를 찾아와 말했다.

"아이를 못 낳는 병신 취급받고 이혼당했는데 병신이 아니라는 것이 확인되었습니다. 아이를 낳아 병신 취급받았던 것을 복수해 주고 싶은 마음이에요."

그 후 부부는 산부인과에 열심히 다녔다. 임신한 지 6~7개월쯤 되었을 때 두 사람이 또 나를 찾아왔다.

"선생님, 뭔 팔자가 이럽니까? 어렵게 가진 아이인데 병원에서 애가 잘못되어 낙태해야 한대요."

나는 큰 병원에 가서 정밀검사를 받아 보라고 했다.

"선생님에게 오기 전에 산부인과 전문병원과 종합병원 몇 군데에 가서 초음파 검사를 받았는데 다 같게 나왔어요. 기형아래요. 죽어가고 있대요. 노산이라 지금 낙태 수술을 하지 않으면 산모까지 위험하다고 빨리 낙태해야 한대요."

앉아있던 남자가 울먹이는 소리로 말을 이었다.

"병원도 한두 군데가 아니고 여러 군데에서 똑같이 나오니 안 믿을 수도 없잖아요?"

그 말을 듣고 나니 나 역시 말이 나오지 않았다. 여자는 울고 남자는 내게 말씀을 해 보라고 재촉했다. 나는 오늘은 그냥 돌아가고 내일 다시 와서 이야기하고 결정하자며 위로해 보냈다. 나는 내가 외롭고 힘들 때 마음을 안정시키고 정신을 집중하여 수행하는 곳이 있다. 부부의 일을 나와 관계없는 남의 일로 생각하지 않고 내 가족의 일이라는 마음으로 밤을 새워 집중적으로 수행하고 다음 날 돌아와 두 사람을 만났다.

"내가 본 것은 태아가 기형아로 죽어가는 것이 아니고 정상적으로 성장하고 있으니 낙태하지 말고 낳으세요."

여자는 아무 말이 없고 남자가 말했다.

"오래전부터 선생님을 알고 선생님을 믿지만, 그래도 기계는 거짓말을 못 하잖아요. 몇 군데 검사가 이렇게 같게 나왔는데 무시할 수 있어요? 그리고 아이가 지금 죽어가고 있대요. 그런데 낙태하지 말고 낳으라고요? 그러다가 어른이 죽으면 어떻게 해요? 병원에서 낙태 수술을 빨리하지 않으면 어른이 위험하대요."

결론을 내리지 못하고 이야기는 반복되고 또 반복되었다. 내 말을 믿기도 어렵고 병원 기계를 안 믿기도 어려웠다. 모두가 타는 가슴으로 시간만 자꾸자꾸 흘러갔다.

심도 있는 수행을 지속해서 하면 영감과 예감이 발달하여 앞일을 알 수 있고 위험하고 불길한 일들에 대해 대비할 수 있다. 내가 수행을 통하여 본 아이는 지극히 정상이었다. 그러나 수행을 잘 모르는 사람들이 병원의 기계를 더 믿는 것은 당연하다.

"모태 속에 태아는 기형아로 죽어가는 것이 아니고 정상적으로 성장하고 있어요. 그러니 낙태를 하지 말고 낳으세요. 어른도 절대로 죽지 않아요. 태어난 아이가 기형아라면 그때는 내가 책임지겠습니다."

나는 두 사람에게 아이를 낳을 때까지 간절한 마음으로 수행할 것을 제안했고, 그들은 조용한 산골 마을 외딴곳에 가서 수행했다. 2~3달 후 아이는 아무 일 없이 건강하게 태어났다. 지금 초등학교에 잘 다니고 있다.

초등학교에 들어가기 전 두 사람이 아이를 데리고 나를 방문했다. 함께 식당에 가서 밥을 먹는데, 아이가 식당 주인에게 "아저씨 밥 빨리 주세요. 배고파요."라고 말하자 옆에 있던 사람들이 아이가 참 예쁘고 똑똑하다고 감탄했다. 교사인 여자는 승진하여 직장을 옮겼고 부부는 늦둥이로 얻은 아이를 잘 키우며 행복에 젖어 살고 있다.

병원 초음파 검사에는 아이가 뱃속에서 기형아로 죽어가는 것으로 나타났다. 기계대로라면 아이는 이 세상에 태어날 수 없다. 태어나기도 전에 죽어야 했다. 그러나 아이는 아주 건강하고 영리하여 공부 잘하고 부모의 사랑을 독차지하며 잘 크고 있다.

사람들은 병원에서 사용하는 검사 기계를 절대적으로 믿는다. 의사 말보다 기계를 더 믿는 사람도 있다. 그러나 기계는 어디까지나 사람이 만든 것이다. 사람이 세상을 살다 보면 실수할 때가 있다. 기계도 마찬가지다. 사람이 만든 기계가 실수가 없고 100% 완벽한 것이라고 나는 믿지 않는다. 기계의 오진으로 아무런 이상이 없는 사람들이 수술하여 고통받고 생명에 위협을 받는 일이 전 세계적으로 많다는 것은 TV나 신문 지상을 통해 누구나 보고 들어서 알고 있는 사실이다. 그러나 현재로서는 기계가 오진해도 오진이라는 것을 찾아낼 방법이 없다.

사람들은 위대한 신을 믿고 기도한다고 하면서 위대한 신보다 병원 기계를 더 믿고 높이 쳐다보며 살고 있다. 그러나 나는 병원 기계나 사람의 기술보다 신과 대자연의 순행 질서를 더 신뢰한다. 기계도 사람도 실수할 수 있다. 그러나 위대한 신은 인간이나 기계와는 다르다. 그 힘이 얼마만큼 다른지는 사람의 입으로 다 설명할 수 없고 글로 다 적을 수 없다. '신비로운 기적'이라는 말로밖에 표현할 수 없을 것이다.

사람들은 신비와 기적은 특별하고 특징적인 능력을 갖춘 사람들만 체험할 수 있다고 생각한다. 그러나 신비와 기적은 세상 사람 누구나 체험할 수 있고 세상 사람 누구나 체험·확인할 능력을 갖고 있다. 그런데도 사람들은 신비와 기적을 직접 확인하고 싶어 하지 않는다. 아니, 신비와 기적이란 없다고 불신해 버린다.

    수행의 힘은 대자연의 힘이기 때문에 인간이 만든 과학과 기계와는 다르다. 수행은 대자연의 순행 질서를 따르는 것이기 때문에 실수나 거짓말을 하지 않는다. 태양이 뜨고 지는 것을 하루라도 실수할 때가 있는가? 누구나 깨끗하고 바른 마음으로 수행하면 세상에서 안 된다고 하는 일을 이루고 신비와 기적을 체험하고 확인하는 주인공이 될 수 있다.

산의 명치 자리

땅은 지기, 하늘은 천기, 음식은 곡기라 하고, 젊고 힘이 왕성한 사람은 혈기왕성한 사람, 원기가 왕성한 사람이라고 한다. 운동경기를 하기 전에 큰소리를 지르며 기압을 넣는다. '기선제압'은 상대의 기세를 약하게 하거나 꺾기 위해서라고 하는데 사실은 자신이 기를 받기 위함이다.

세상에서 천기, 지기, 원기, 사기를 모르는 사람은 없다. 그러나 기를 정확하게 짧은 시간에 받는 방법에 대해서는 잘 모르고 있다. 기를 받기 위해 긴 세월이 필요한 것이 아니다. 기는 전파와 같이 오고 가는 길과 받는 방법을 알면 자신이 원하는 시간에 얼마든지 받을 수 있다. 집에서도 받을 수 있고, 공부하다가, 혹은 길을 걸어가면서도 받을 수 있다. 정도와 시간의 차이만 있을 뿐이다.

기를 정상적으로 받는 사람은 몸이 피곤하거나 아프지 않다. 피곤하고 몸이 아픈 것은 원기가 쇠약해져서 생기는 증상이다. 그래서 특별한 목적이 없더라도 몸이 많이 피곤하고 아플 때 집에서 기 받는 수행을 하면 피곤함과 아픈 것이 없어지는 것을 확실하게 알 수 있다.

더 강하고 좋은 기를 받기 위해서는 집을 떠나 산 좋고 물 좋고 공기 좋고 잡다한 소리가 들리지 않는 곳으로 가는 것이 좋다. 산으로 가는 이유는 수행하는 사람마다 여러 가지 이유가 있겠지만 첫째, 산에는 대지의 강한 기가 있고, 둘째, 눈에 보이고 귀에 들리고 코로 들어오는 냄새와 같은 잡다한 것이 없으므로 정신 집중이 잘 되기 때문이다. 셋째 산은 불편하다. 불편한 자세와 생활이 정신을 깨워 좋은 기를 받게 한다. 편한 자세에서는 좋은 기를 받기 힘들다. 또한, 기를 받는 강도와 속도가 산에서가 훨씬 빠르기 때문이다.

지천기운을 짧은 시간에 빠르고 확실하게 받는 곳은 산의 명치자리이다. 현재 이보다 더 좋은 장소는 없다. 사람의 몸에도 명치가 가장 따뜻하고 중요하듯이 산에서도 명치 자리가 가장 따뜻하고 안정된 곳이다. 명치가 작고 오목하듯이 산의 명치 자리도 작아서 찾기 힘들다.

산의 명치 자리에서는 앉는 것과 동시에 몸의 피로가 없어지고 아픈 곳이 없어지는 것은 물론 불치의 병도 낫는다. 기분이 좋아지고 두뇌가 열리며 창의적인 생각이 많이 떠오른다. 둔재도 영재·천재가 된다. 세상에서 시대를 앞서가는 큰일을 하려면 좋은 생각과 기술을 발견해 내야 한다. 그러기 위해서는 두뇌가 맑고 깨끗해야 한다. 맑고 깨끗한 두뇌에서 앞일을 보는 지혜와 뛰어난 기술을 만드는 창의가 나온다.

세계 어느 나라와 비교해 보아도 대한민국과 같이 산이 좋은 나라는 없다. 대한민국 산은 어느 산에 가든 기분을 좋게 하고 정신을 맑게 하는 생기를 받을 수 있다. 생기는 몸을 가볍게 해주고 지칠 줄 모르는 왕성한 힘을 갖게 해주며 몸을 빠르게 해준다. 링 위에서 대련할 때 뚝심 센 것은 아무 소용이 없다. 대련에서는 빠른 것이 제일이다.

생기를 지속해서 쌓으면 축지법을 하게 된다. 축지법은 사람이 바람과 같이 빠르게 가는 것을 말한다. 옛날에는 일평생 깊은 산속에서 도를 닦아야 축지법이 가능한 것으로 생각했다. 그러나 요즘은 얼마나 빨리 가느냐만 다를 뿐이지 축지법을 하는 사람들이 생각 외로 많이 있다. 작심삼일이라는 말처럼 사람들은 지속하는 끈기가 부족한 경우가 많다. 처음엔 뜨거운 열정과 의지로 출발하지만, 시간이 지나면 열정이 식고 눈에 보이지 않는 것에 대한 의심과 불신이 커지면서 처음 약속한 것은 잊어버리게 된다. 그래서 기적의 열매를 얻지 못하는 것이다.

어느 분야든 남들이 하는 것은 누구나 할 수 있다. 누구나 다 배우고 지속해서 노력하면 의사도 되고, 과학자도 되고, 예언자도 되고, 축지법도 할 수 있다. 인간의 기술과 힘, 능력으로 불가능하다고 생각되는 일은 대자연과 하늘의 도움을 받으면 기술과 정보를 얻어 이루어낼 수 있다. 철없고 어리석었을 때는 하늘같이 우러러보며 존경했던 것들이 어느 순간 내려다보이는 때가 누구에게나 있다. 10년이면 산천초목도 변한다는 말이 있듯이 사람도 발전하고 변한다. 신비가 더는 신비가 아니고 기적이 더는 기적이 아닌 날들이 온다.

【 병 치유에 있어서 수행의 장점 】

1. 다른 사람에게 (의사, 병원, 간병인 등) 고개 숙이지 않고 병자 자신의 힘과 노력으로 병을 고칠 수 있다.

2. 병의 종류, 병의 상태와 관계없다.
   (뼈가 부러지고 신체 부분이 절단된 것은 제외)

3. 통증과 고통 없이 언제 낫는 줄도 모르게 낫는다.

4. 사람에 따라 다소 차이가 있지만 짧은 기간 안에 병이 낫는다. (보통 30~40일 정도)

5. 움직일 수 없는 병자일 경우 가족의 노력만으로도 병을 고칠 수 있다.

6. 아주 적은 비용으로 할 수 있다.

7. 재발이 없다.

인간도 우주 대자연 안에서 살고 있으므로

대자연 흐름에 영향을 받는다.

지천기 수행은 대자연에 순행하는

지운, 천운의 기운을 받는 것이다.

지천기 수행은

꼭 이루고 싶은 뜻과 목적을 분명히 세우고

그것을 짧은 시간에 구하고 얻기 위해

심도 있게 하는 수행이다.

4

상생과 운이 인생 성공을 이룬다

내면의 상극을 상생으로

사람들은 자주 나에게 질문한다.

"저 집이나 저 사람이 잘 되고 안 되는 것을 어떻게 알 수 있습니까?"

"그 가정이 잘되고 안 되는 것은 가족들의 얼굴만 보면 알 수 있습니다. 알면 아무것도 아닙니다."

음양(陰陽)과 木, 火, 土, 金, 水, 오행(五行)을 모르는 사람은 없다. 식물이 따뜻한 계절과 따뜻한 바람과 따뜻한 햇볕과 따뜻한 흙과 따뜻한 물을 만나면 상생하여 성장하고 꽃피고 열매를 맺는다. 반면, 식물이 추운 계절과 햇볕도 없이 찬바람과 꽁꽁 언 물과 언 땅을 만나면 상극하여 성장하고 꽃피고 열매 맺는 것이 없다.

상생은 싹이 트고 생생하게 살아나 번창하는 것이고 상극은 죽고 소멸하고 그 자체가 없어지는 것이다. 이처럼 인간을 포함한 세상 모든 것이 음양과 오행의 관계에 의해 생하고 극하여 탄생하고 소멸한다. 끊임없는 연구와 노력으로 오행과 상생상극의 중요성이 세상에 모습을 드러내고 생활 속에 자리 잡아가면서 사주 속의 외면적인 상생상극을 모르는 사람은 없게 되었다.

그러나 세상에 한날한시에 태어나 사주가 같아도 똑같이 살지 않고, 외면적으로 상생하도록 맞추어 살아도 고통과 불행을 겪는 것은 보이지 않는 내면의 상생상극의 차이 때문이다. 상생상극에는 외면적인 것과 내면적인 것이 있는데, 마음이 팔, 다리를 움직이듯이 내면의 상생상극 관계가 외면의 삶을 움직인다. 사람의 생각과 마음은 얼굴에 나타나고, 수행과 더불어 관상을 보면 내면의 상생상극을 알 수 있다. 실패와 후회 없고 고통과 고생 없이 행복하게 살고 성공하고 싶은 사람은 내면의 상생상극에 관심을 가져야 한다.

한 사람의 인생에 가장 큰 영향을 미치는 것 중 하나는 결혼이다. 그래서 결혼을 '인륜지대사'라고 한다. 그런데 서로 상극하는 사람끼리 만나서 살게 되면 어떻게 될까? 내외면 궁합이 서로 상극하는 사람들이 결혼해 사는 것은 호랑이와 곰이 한 우리에서 사는 것과 같다. 호랑이와 곰이 한 우리에 같이 있으면 서로 싸우다 지쳐서 호랑이도 곰도 죽게 된다.

궁합이 상극하는 남녀가 결혼해 살면 처음에는 좋은 말로 대화를 시작해도 서로 언성을 높이고 싸우게 된다. 사사로운 일로도 죽기 살기로 싸우고 원수가 복수하기 위해 기회를 노리듯 서로 해치려는 기회만 보고 살게 된다. 서로를 믿지 못하게 되고 세상에 대해 불평 불만 하며 살게 되니 늘 가난하고 병으로 고통받으며 살게 된다. 아무 잘못 없이 억울한 일, 가슴 아픈 일을 당하게 되고 사고와 병으로 단명하게 된다.

이런 부부에게서 태어난 자식도 불행하게 된다. 정신이 온전하지 못하거나 몸에 장애를 갖고 태어나 부모가 고통을 겪게 된다. 자라면서 누군가를 괴롭히는 일만 하고 낳아주고 키워준 은혜를 모르는 불효자가 된다. 그래서 부모 가슴에 못을 박고 상처와 고통을 주는 역할을 하게 된다. 우리말에 원수는 가정에서 태어난다는 말이 있듯이 자식이 원수가 되고 가정의 발전도 둔화한다. 부부가 서로 상극하면 자식 없이 손이 끊어지는 예도 있다.

반면에 궁합이 상생하는 남녀가 결혼해 살면 어려움과 말다툼 할 일이 없고 마음과 뜻이 잘 맞아 일평생을 처음 만났을 때처럼 정답고 행복하게 산다. 궁합이 상생하는 부부에게서는 지혜롭고 잘 생기고 건강한 자식이 태어난다. 낳아주고 키워준 부모의 은혜를 생각하고 부모를 하늘같이 쳐다보고 존경하며 효도하는 자식이 된다.

 인간이 살아가는 데 중요한 것은 외면적인 상생보다 내면의 화합과 상생이다. 내적인 궁합이 상생해야 단명하는 일 없이 오래도록 건강하고 정답게 살고 영재 천재 자식을 낳고 그 자식으로부터 효도받으며 살 수 있다.

 내적인 궁합이 맞으면 사고와 병으로 자식을 먼저 저세상에 보내는 일은 없다. 세상에서는 큰 사업체를 가진 부자이거나 사회적, 정치적으로 높은 지위와 권력을 가지면 인생의 성공자라고 말한다. 그러나 돈과 권력이 있어도 자식을 앞세워 저세상에 보내면 성공자라고 할 수 없다. 돈과 권력은 육신 쓰고 잠시 이 세상에 사는 동안에만 필요하고 유효한 것뿐이다. 세상에 온 길도, 세상을 떠나가는 길도 순서대로인 것이 대자연의 이치다. 따라서 돈과 권력이 많아도 자식을 먼저 저세상에 보내면 인생의 성공자가 아니라 실패자다.

 인간은 무지로 인해 지금까지 상극에서 상생으로 가는 길을 찾지 못했으니 상극으로 만난 사람들은 희망이 없는 줄 알고 살아왔다. 그러나 수행으로 인해 내면의 상극 때문에 지옥 같은 고통 속에서 살던 사람들이 상생으로 돌아와 근심 걱정 없이 행복하게 살 수 있게 되었다.

부부가 수행하면 서로 사랑하는 마음이 생겨 가정에 따뜻한 온기가 돌게 된다. 따뜻한 마음의 변화는 상생 운의 변화를 가져와 건강, 사업, 자녀 문제 등 걱정하던 일들이 풀리고 해결된다.

수행을 3일만 해도 아픈 몸의 상태가 좋아지는 변화를 느낄 수 있다. 사람에 따라 다소 차이가 있을 수 있으나 21일만 하면 자식의 병든 몸이 좋아져 건강한 상태로 돌아오게 되는 변화를 확인할 수 있다. 병원에서 고칠 수 없는 장애가 있는 자식이라도 정신과 육체가 온전한 건강한 자식으로 만들 수 있다. 갑작스러운 사고와 병으로 자식을 먼저 저 세상으로 보내는 가슴 아픈 일도 겪지 않게 된다. 독약을 먹어도 해독제를 먹으면 살 수 있는 것처럼 내면의 상극을 상생으로 만드는 해독제가 수행이다.

물과 불이 함께 있으면

세상 사람들은 서로 믿지 못하는 불신 때문에 행복하게 살 수 있는 길이 있어도 그 길로 가지 않고 불행과 단명을 겪으며 살고 있다. 사람들은 그 어떤 경우에도 철학가의 말을 먼저 믿으려 하지 않는다. 나는 상담을 하면서 관상을 보고 많은 사람에게 상생상극을 말해주었지만 믿지 못하고 고집을 부리다 불행을 당하고 목숨까지 잃는 경우를 많이 보았다. 사람들은 불행한 일을 당하고 나서야 후회하고 눈물을 흘린다. 그중에는 더 강력하고 확실하게 말해주지 않았다고 나를 찾아와 항의하는 사람도 있다.

서울에 사는 40대 김명우라는 남자가 대학교수의 소개로 나를 찾아왔다. 김명우는 종합건설회사 대표였다. 도로 공사와 아파트 공사를 하는 중 인명 사고가 자주 나고 하자가 생겨 아파트 분양이 안 되어 어려움을 겪는다고 호소했다. 2,000억 원 은행 융자를 신청했는데 1,000억 원밖에 나오지 않았으니 나머지 돈줄을 열어 달라 요청했다.

"나는 돈줄을 열어주는 금융업 하는 사람이 아니고 운명 철학 상담을 하는 사람입니다."

"저는 신앙인입니다. 점을 보거나 철학을 보는 것을 싫어합니다. 저는 선생님이 돈줄을 열어주는 사람인 줄 알고 왔습니다."

"그러면 그냥 돌아가세요."

"그렇다고 그냥 가라고 하십니까? 종업원이 700명 정도 되는데 몇 달째 월급도 못 주고 있습니다. 기왕 먼 길을 왔으니 철학 상담 한번 받아 보겠습니다."

"해결 방법은 있는데 내 말을 지킬 수 있겠습니까? 회사 사장을 교체하고 회사가 정상적으로 잘 돌아갈 때까지 부인과는 떨어져 지내십시오. 수행하면서 당분간 부인과 떨어져 지내야 회사가 잘 될 것입니다."

"회사 사장은 고향 친구라서 교체할 수 없고, 아내는 임신 중이라 떨어져 살 수 없습니다. 아내와 떨어져 살아야 회사가 잘 된다는 말을 어떻게 믿을 수 있겠습니까? 그 말을 이해할 수 없고 그렇게 할 수도 없습니다."

김명우는 참으로 답답하고 어리석은 사람이었다.

"점을 보는 것은 미신입니다."

"미신이 무엇입니까?"

"미신이요? … 난 그런 것은 믿지 않습니다."

"손님이 믿든 안 믿든 그것은 중요하지 않습니다. 손님과 부인은 물과 불이 만난 격이니 오늘 내가 해준 말을 이행하지 않으면 더 어렵고 힘든 일을 비껴갈 수 없을 것입니다. 내 말이 맞는지 안 맞는지는 시간이 지나면 알게 될 것입니다."

김명우는 돈을 버는 사업에만 관심 있고 세상 이치에는 상식도 없고 알려고 하지도 않았다. 미신이 무엇인지도 모르면서 점과 운명철학은 미신이고, 이해가 안 되고, 그런 것은 믿지 않는다고 잘라 말했다.

현대는 전문가 시대이다. 대학에서 6년 공부를 하면 의사가 된다. 같은 의학 공부를 해도 세세한 전문 분야로 나누어져 그 분야를 더 공부하면 전문의가 되고 우대를 해 준다. 다른 모든 학문, 기술 분야에도 전문가가 있고 특별한 기술을 가진 전문가는 특별히 예우해 준다. 철학가와 예언가는 그 어느 학문보다도 더 심도 있는 공부를 수십 년 하고 유형, 무형, 전체를 알아서 앞일을 아는 전문가 중의 전문가다.

아파서 병원에 갔을 때, 병이 어떻게 걸렸고, 수술은 어떻게 할 것이고 약은 무엇으로 만들어졌다고 일일이 설명하는 의사는 없다. 의사가 병자의 입장에서 병자의 집안 사정을 보고 시간은 있는지, 수술할 돈은 있는지 들어보고 수술하지 않는다. 의사는 진단하고 상태가 안 좋으면 바로 입원하고 수술하라고 한다. 병자가 이해될 때까지 설명하지 않고, 또 설명할 수도 없다. 병자를 이해시키는 것이 아닌 병을 고치는 것이 목적이기 때문이다.

앞일을 보는 전문가의 말을 무시하고 고집을 부렸던 김명우는 상담받고 간 지 몇 달 만에 죽었다. 부인은 쌍둥이를 낳았으나 살던 집이 부도로 넘어가 성남에서 월세방을 얻어 살게 되었다.

경기도 용인에 사는 정대화란 여자가 20대 아들을 데리고 상담을 받으러 왔다. 정대화는 아들이 사귀는 여자와 결혼을 하고 싶어하는데, 그 여자와 아들이 결혼하면 어려운 일이 생긴다는 꿈을 꾸었다며 결혼을 해도 괜찮을지 걱정이 된다고 했다.

"궁합이라면 서울에도 보는 곳이 많을 텐데 이 먼 강원도까지 오셨습니까?"

"몇 군데에서 봤는데 궁합이 괜찮다고 합니다. 그런데 집에 돌아와 잠을 자면 계속해서 결혼하면 어렵다는 똑같은 꿈을 꿉니다. 불안하여 아는 스님에게 말씀드리니 선생님께 가 보라고 했습니다."

나는 아들과 아들이 사귀는 여자의 사주를 보고 궁합에 대해 말해주었다.

"아들과 사귀는 여자와는 외면적으로는 서로 맞는 듯하나 내면적으로는 상극의 관계입니다. 내면적인 상생상극을 모르는 사람들은 아들과 여자와의 궁합이 괜찮다고 하겠지만 사실은 좋지 못합니다. 그냥 친구로 만나는 것은 문제가 되지 않지만, 결혼하면 물과 불이 함께 있는 것과 같아서 어려운 일, 후회할 일이 생기게 되고 한 사람이 죽게 되는 불행한 일도 생길 수 있으니 결혼만은 하지 않게 하십시오."

정대화가 "고맙습니다. 선생님." 하고 말하는데 듣고 있던 아들이 화를 내며 말했다.

"엄마는 미신을 믿기 때문에 철학을 보지만 난 하나님을 믿기 때문에 그런 것은 안 믿어요. 엄마가 뭐라고 해도 난 그 여자와 결혼할

거에요. 우린 헤어질 수 없어요."

엄마와 아들이 거친 소리를 내며 다투다가 정대화가 나에게 하소연하듯 물었다.

"아들이 고집을 부리고 결혼하겠다고 하는데 이를 어떻게 합니까? 결혼해도 잘 살 방법은 없나요?"

"수행하면 상극 운을 상생 운으로 바꾸고 어려운 일을 비껴가며 살 수는 있으나 하기가 쉽지 않은데 아들이 할 수 있겠습니까?"

정대화가 아들에게 그 여자와 결혼을 하려면 수행을 하라고 말하자 아들은 더 들을 것도 없다는 듯 산속에 눈이 많이 오니 빨리 가자며 정대화를 일으켜 세웠다. 결국, 아들은 고집대로 그 여자와 결혼했고 그 여자는 장애가 있는 자식을 낳았다. 그리고 얼마 지나지 않아 아들이 죽었다. 3년 만에 정대화가 다시 나를 찾아왔다.

"남편이 죽고 아들 하나만 믿고 남의 집 식당 일을 해주며 살아왔는데 그 자식마저 먼저 보내고, 허리 다쳐서 일을 못 하는 며느리와 장애인 손자까지 집에 누워 있으니 제 팔자가 왜 이렇습니까? 손자는 병원에서 치유가 안 되는 불치병이랍니다. 사는 집 전세금도 올려달라고 하는데 전세계약서를 잡히고 돈을 빌려 썼기 때문에 빚 갚고 나면 돈이 없습니다. 선생님, 저에게는 이제 희망이 없습니다."

나는 정대화에게 수행을 가르쳐주고 부모를 그리워하는 동심으로 돌아가 열심히 수행해 보라고 위로해 보냈다.

세상에는 김명우와 정대화의 아들과 같은 젊은 사람들이 많다. 궁합을 보지 않고도 우연히 내적인 궁합까지 잘 맞는 사람을 만나 결혼하여 잘 사는 사람들도 있다. 그렇게 만나 사는 사람들은 가족 모두가 병과 불행한 일 없이 잘 살고, 건강하고 효도하는 자식을 낳고 가문이 번창한다. 그러나 가정, 가정을 들여다보면 그런 가정은 그리 많아 보이지 않는다.

내면의 궁합을 무시하고 결혼하는 것은 나방이 불 속으로 날아드는 것과 같다. 젊은 혈기와 고집으로 시작한 결혼은 자신도 불행해지지만, 상대도 불행하게 만든다. 무지하고 어리석은 사람들은 예식장에서 화려하게 식을 올리고 신혼여행을 떠날 때의 그 마음이 평생 변하지 않을 것이라고 기대한다. 그러나 좋은 것은 연애할 때이다. 결혼하면 고생길로 접어드는 것이다. 자신의 입속에 혀도 깨물 때가 있는데 남남끼리 만나 연애할 때의 마음으로 평생 싸우지 않고 행복하게 살기를 바랄 수는 없다. 세상에 변하지 않는 것은 없다. 결혼할 때 그 마음이 변하지 않고 지속하길 바라는 것은 낮만 있고 밤이 없기를 바라는 것과 같다. 세상에 존재하는 모든 것은 빨리 변하느냐, 천천히 변하느냐 하는 차이만 있을 뿐이다.

바람이 없고 날이 맑을 때는 쪽배를 타고 바다에 나가서도 아무 위험 없이 고기를 잡을 수 있다. 그러나 태풍이 몰려오려고 할 때 쪽배를 타고 바다에 나가 고기를 잡겠다고 하는 것은 목숨을 내놓는 일만큼 위험하다. 혈기와 고집만으로 몰려오는 태풍을 이길 수 없다. 비가 오면 누구나 우산을 써야 한다. 나만은 비껴갈 거라는 생각은 어리석은 것이다. 비는 어디에나 똑같이 내린다.

궁합을 보는 것은 이처럼 때를 보는 것이다. 만나선 안 될 시기에 만나선 안 될 사람들이 만나는 것은 소중한 자기 자신을 잃어버리는 일이다. 몰려오는 구름을 인간의 힘으로 막을 수 없듯이 싸우지 않고 잘 살고 싶어도 각오와 의지만으로 되는 일이 아니다.

내면의 상생상극은 사람이 살아가는 데 매우 중요하다. 아직 결혼하지 않은 젊은이들이라면 천생연분을 만날 우연을 막연히 바라기보다 수행으로 내면의 상생을 알고 불행하게 만났더라도 상극을 상생으로 바꾸며 살아가는 것이 훨씬 지혜롭고 긍정적인 삶을 사는 자세이다.

세상에 모든 부모는 자식들 앞날에 어려움과 불행한 일이 없기를 바라며 행복하게 사는 길을 찾아주려고 노력한다. 그런데 자식들은 왜 그런 부모의 마음과 배려를 싫어하고 거절할까? 그 이유는 자식이 부모의 분신이라는 것과 대자연의 순리를 모르기 때문이라고 생각한다.

인간은 죽기 직전에 철이 난다고 한다. 철없는 우리 인간들의 삶이란 실패와 후회를 반복하는 삶이다. 인간은 무지하다. 대학을 나오고 박사가 되어도 한 치 앞에 닥칠 일을 모르는 두 눈 없는 사람처럼 살아가고 있다. 인간이 사는 삶이란 두 눈이 없는 사람이 두 눈이 없는 사람에게 "가을 단풍이 얼마나 아름답습니까?" 하고 묻는 것과 다를 것이 없다.

수행하면 그동안 살아온 것이 두 눈 없이 살아온 삶이었다는 것을 알게 된다. 자신이 혈기와 고집을 부리며 얼마나 어리석게 살아왔는가를 깨닫게 된다. 그리고 이 세상에 태어난 목적을 알게 된다. 어떻게 살아야 하며 죽은 후에는 어디로 가고 어떻게 되는지도 알게 된다.

세상만사를 다 아는 것처럼 말하고, 눈으로 볼 수 없는 것을 본 것 같이 말하는 사람들이 세상을 어둡게 만들고 남을 속이고 이용한다. 말로 떡을 하면 세계가 먹고 남는다. 서울 구경을 한 사람과 서울 구경을 못 한 사람이 말싸움하면 서울 구경을 못 한 사람이 이긴다. 그러나 세상일을 다 아는 것같이 말하는 사람들이 자신 앞에 닥칠 앞일을 몰라 사고와 불행한 일을 당하고 병의 원인을 몰라 약 먹고 병원에 가는 일을 졸업하지 못하고 산다.

  벼 이삭은 알이 차고 여물면 고개를 숙인다. 가을이 되어도 고개를 숙이지 않는 벼 이삭은 알이 없다는 증거이다. 한 치 앞에 닥칠 사고와 죽음을 아는 사람은 세상일을 다 안다고 말하지 않는다. 대자연의 순리 순행 질서와 천륜의 이치를 아는 사람은 벼 이삭처럼 고개 숙이며 산다.

왕성한 운, 쇠약한 운

인간의 눈에는 봄, 여름, 가을, 겨울 태양 빛의 색깔에 변함이 없다. 그러나 봄 태양 빛의 따뜻함과 여름 태양 빛의 따뜻함은 다르다. 가을 태양 빛의 따뜻함과 겨울 태양 빛의 따뜻함도 각기 다르다. 봄, 여름의 태양 빛에는 초목들이 싹트고 힘 있게 솟아나지만, 가을의 태양 빛에는 초목들의 힘이 약해지고 성장을 멈춘다. 겨울이 되면 앙상한 나무줄기만 남게 된다. 태양 빛의 색깔은 변함이 없지만 봄, 여름에는 싹트고 성장하고 가을, 겨울에는 멈추고 죽게 된다.

인간의 운도 봄, 여름, 가을, 겨울과 같은 과정을 지나게 된다. 인간도 성장하는 기간이 있고 멈추는 기간과 쇠퇴하는 기간이 있다. 운도 일생을 통해 성장할 때가 있고 멈출 때, 죽을 때가 있다.

태양 빛은 하루 중에도 따뜻함을 달리한다. 아침 일찍 동쪽에서 뜰 때와 한낮 정오가 되어 남쪽에 있을 때와 저녁에 서쪽으로 질 때 온도 차이가 뚜렷이 나타난다. 아침에 떠서 저녁에 지는 태양 빛과 같이 하루 중에 운도 왕성할 때가 있고 쇠약할 때가 있다. 운이 왕성할 때 사람을 만나거나 일을 하면 이익을 보지만, 운이 쇠약할 때 사람을 만나거나 일을 하면 손해를 입는다. 왕성한 운은 강렬하게 뜨는 태양 빛과 같아서 무엇을 시작하든지 원만하게 잘 되지만 쇠약한 운은 지는 태양 빛과 같아서 잘 되던 일도 안 된다. 1년에도, 하루에도 태양 빛의 변화가 있듯이 인간 일생의 운도 이와 같이 변화한다.

현명하고 지혜로운 지도자는 세상에 무수히 널려 있는 운이 왕성한 인재들을 찾아 쓰고 그 운이 쇠약해지면 운이 왕성한 다른 인재를 데려다가 운이 쇠약해진 사람 대신 그 자리에 앉힌다. 현명하고 지혜로운 지도자는 운이 쇠약한 사람을 요직이나 권력의 중요한 자리에 두지 않는다.

지혜롭고 현명한 지도자는 사사로운 인정에 마음을 두지 않고 자신이 하고자 하는 일을 성공시키고 유지하는 데 목적을 둔다. 긍정적인 성공을 유지해 나가는 것이 자신과 가족, 그리고 후세대와 국가를 위해 더 좋은 일이기 때문이다. 그래서 교육 수준이 높은 사람은 실패와 좌절 없이 사업과 인생에서 성공자로 살아간다.

며느리가 잘 들어와야 집안이 잘된다는 말이 있듯이 직원에 따라 회사와 가게의 흥망성쇠가 달라진다. 회사와 가게에도 A라는 직원이 들어와 잘 되는 경우가 있는가 하면 B라는 직원이 들어와 그때부터 어려움이 생기고 안 되는 경우도 있다. 조직과 회사가 잘 되고 망하는 것도 사람이 지닌 운의 강약의 흐름에 영향을 받는다. 그래서 회사가 어려울 때 운이 왕성한 사람을 찾아 회사 일을 맡기면 어려움이 풀리고 회사가 잘 된다. 앞에서 말한 김명우의 경우 회사 사장을 교체하라고 한 이유가 이 때문이다.

회사가 잘 안 되고 부도나려 할 때 은행으로 가는 것보다 빨리 운이 왕성한 사람을 찾으러 나가는 것이 더 현명한 방법이다. 은행에서 빌린 돈에는 높은 이자를 내야 하지만 운이 왕성한 사람은 높은 이자의 몇 배만큼 수익을 가져다준다. 회사에 운이 쇠약한 사람이 있으면 은행에서 돈을 가져다 놓아도 회사가 잘되지 않는다. 밑 빠진 독에 물을 붓는 격이기 때문이다.

남편도 아내도 운이 없을 때는 둘이 머리를 맞대고 가정과 회사 일을 놓고 고민해야 한다. 부부가 운이 쇠약해 모든 일이 추락하는 경우 아무리 노력해도 결과는 불화와 파산뿐이다. 왕성한 운을 가진 사람을 합의하고 선택하여 가정과 회사를 살릴 것인가, 아니면 운을 무시하고 가정과 회사를 파산의 지경으로 몰고 갈 것인가 뜨겁게 고민해야 한다. 가정과 미래를 위해 어느 것이 더 중요하고 유익한 일일까?

세상을 살펴보면 대학을 못 나왔어도 세계 재벌이 되어 영웅·황제처럼 사는 경우를 볼 수 있고, 세계 최고의 대학을 나와도 월세방에서 근근이 살거나 병원에 누워 사는 경우를 볼 수 있다. 영웅·황제같이 사는 사람들, 지혜로운 사람들은 상생상극과 운의 영향을 잘 알고 살아가면서 적용하여 실패하거나 손해 보는 일을 시작하지 않는다. 배신당하지 않고, 억울하고 불행한 일을 당하지 않는다. 상생 운을 가진 사람과는 만나서 수익을 두 배로 올리고 상극 운을 가진 사람은 피하여 자신의 생명과 재산을 보호하기 때문에 자식과 후손들에게까지 부와 행복을 물려주고 산다.

반면에 무지한 사람들은 오직 돈과 유행만을 쫓아 대중들이 가는 곳으로만 간다. 자신보다 사회 지위가 높은 사람들이 가는 곳이라면 묻지도 않고 알아보지도 않고 따라간다. 그래서 실패하고 속고 이용당하는 경우가 많다.

세상에는 계속해서 잘 되는 일도 없고 계속해서 잘 되는 사람도 없다. 낮과 밤이 있듯이 운과 세상은 계속해서 돌고 변화하기 때문이다. 자동차가 나왔는데 소나 말을 타고 먼 길을 가는 사람은 없다. 비행기가 있는데 배를 타고 유럽, 미국을 가려고 하는 사람은 없다. 밥상 위에 반찬을 가리지 않고 무턱대고 다 먹는 사람은 없다. 자신의 입맛과 체질에 맞는 것부터 선택해서 먹듯이 회사와 가게 직원, 동업자, 배우자, 비서, 친구 등도 아무나 쓰고 아무나 만나면 안 된다. 자신에게 맞는 사람으로 가려서 쓰고 가려서 만나야 한다. 자신의 운이 쇠약할 때 상생 운이 왕성한 사람을 옆에 두고 쓰면 그 운으로 인해 어려움을 막을 수 있다. 그 사람이 나에게 오는 어려움을 막는 방패 역할을 해 준다.

    운이 영웅·황제를 만들어 주고 재산과 돈을 가져다준다. 회사가 어려울 때, 부도나려 할 때 지혜로운 사람은 사람 찾으러 세상으로 나가고 어리석은 사람은 은행으로 간다. 은행으로 가는 사람은 망하기 쉽고 세상으로 사람 찾으러 가는 사람은 모두 다 성공한다. 어리석은 사람은 돈이 있어도 할 일이 없고 지혜로운 사람은 빈손이라도 할 일이 넘쳐난다. 인생과 사업 성공은 돈이 아니라 상생하는 왕성한 운에서 온다.

남편의 어려움을 해결해 준 아내

서울 강남구에 사는 50대 지순희라는 여자가 상담을 받으러 왔다. 남편의 회사가 어려워져 남편이 잠을 못 자고 걱정하는 게 안타까워 도움을 얻고자 찾아온 것이다. 부인은 우연히 남편이 누군가와 통화하는 것을 듣고 회사의 어려운 사정을 알게 되었다. 남편의 회사는 만든 제품이 납품되어도 거래처로부터 돈을 못 받고 더러는 불량이라고 반품이 들어와 직원들의 월급을 몇 달째 주지 못했다. 부도가 날 경우 사는 집도 없어지게 될 위기였다.

부인은 늘 몸이 피곤하고 아파 살림만을 겨우 하는 가정주부였다. 바깥 외출도 자주 못 하고, 한 달에 두 번 동창 모임에 나가는 것이 전부였다. 남편에게 도움도 못 되고 걱정만 하고 있던 차에 동창 모임에 나갔다가 운이 있으면 회사가 잘 된다는 말을 들었다. 부인은 어떻게 하면 운을 받을 수 있을까 고민하고 운 받는 길을 찾아보기로 했다. 서울에서 잘 본다고 하는 철학가, 예언자를 찾아 어떻게 하면 운을 받아 회사를 살릴 수 있는지 물어보았으나 가는 곳마다 남편의 대운이 신약한 운으로 접어들었기 때문에 어려운 것이라고만 했다. 대운이 없다는 대답만 들을 수 있을 뿐, 운을 받을 수 있는 비법과 시원한 해결책은 없었다.

아무 능력도 없는 부인은 회사와 사는 집이 없어지면 자식들 공부는 무엇으로 시키고 어떻게 살아갈까 하는 생각에 눈앞이 캄캄해졌다. 약한 몸으로 갑자기 여러 군데를 다니니 감기에 걸리고 몸이 아파 오히려 병원을 찾는 신세가 되었다. 부인이 병원 대기실에 앉아 차례를 기다리는데 옆자리에 앉은 사람들의 대화 소리가 들렸다. 부인의 눈 귀가 번쩍 뜨이는 내용이었다.

"사업이 잘 안 되면 강원도에 사는 철학가를 찾아가 봐. 그분은 도인이야. 그곳에서 상담받으려면 몇 번은 헛걸음을 각오해야 해. 시골 동네 허름한 농가 주택에 살고 있는데 간판도 없고 문패도 없어서 그 도인 만나기가 쉽지 않아. 언제, 어디를 가는지 오는지 알 수도 없고 마냥 기다려야 하고 어두워지면 도로 동네에서 나와야 하고…. 나도 여러 번 가서 겨우 만났는데 처음에는 실망했어. 도인이라고 해서 다를 줄 알았는데 막상 만나보니 평범한 시골 농사꾼 같은 거야. 상담받고 싶어 왔다고 하니까 얘기도 시원스럽게 안 해주고 '누가 보내서 왔냐? 어떻게 알고 왔냐? 세상천지가 철학관인데 여기까지 왜 왔냐?' 그런 것만 물어보고 듣기 거북한 말을 거침없이 하더라. 그런데 그 도인이 알기는 잘 알더라. 그 도인 못 만났으면 우리 사업은 다 날아갔을 거야. 그 도인 만나고 부도 막았잖아."

부인은 그 사람들에게 어떻게 하면 그 도인을 만날 수 있느냐고 물어보고 주소를 받아 나를 찾아왔다.

부인이 처음 나를 찾아온 날 나는 부인에게 도인을 잘못 알고 왔으니 가라고 하고 산으로 올라가 버렸다. 그런데 다음날 부인이 다시 찾아왔고 나는 전날처럼 그냥 돌려보냈는데 부인은 세 번째 또 찾아왔다. 오지 말라는데 왜 자꾸 오냐며 내가 퉁명스럽게 말하니 부인은 울상이 되어 남편의 사정을 말하며 도움을 받으러 왔다고 했다. 나는 세 번씩이나 찾아온 부인에게 대뜸 물었다.

"남편을 얼마나 사랑합니까? 남편을 얼마나 믿으십니까?"

"남편의 어려움을 덜어주고 남편을 잘 되게 할 수만 있다면 어렵고 힘든 일이 있어도 참을 수 있습니다."

"그 말 그대로 믿어도 되겠습니까?"

"저는 재주도 없고 몸도 늘 아파서 집에만 있지만, 마음에 없는 말씀은 안 드립니다."

나는 그 말을 듣고 생각했다. '거칠게 거절했는데 세 번씩이나 나를 찾아왔고 마음에 없는 말은 안 한다고 하니 더 거절하면 안 되겠구나.' 그래서 부인에게 운 받는 방법을 알려 주었다. 수행은 대자연에 순행하는 지운, 천운의 기운을 받는 것이다. 부인은 듣고 가서 지극정성으로 수행하여 남편의 고민과 어려움을 해결해 회사가 잘 되게 만들었다. 그리고 늘 피곤하기만 하던 자신의 몸도 건강해져 부부의 정은 더 두터워지고 행복한 가정이 되었다.

회사가 망하는 것은 곧 가정의 어려움으로 연결된다. 나아가 이혼과 가정 파탄으로 연결될 수도 있다. 부인의 남편 회사가 안정을 찾고 가정이 행복해진 것은 부인의 끈기 있는 노력과 사랑의 힘이라고 나는 생각한다. 대다수 사람은 사주팔자를 심심풀이로 보고, 철학관 몇 군데에 다니고 나면 무슨 말을 할지 짐작으로 다 알게 되어 별 볼 일 없는 것으로 생각한다. 그러나 부인은 자기 생각과 마음을 믿었다. 그래서 포기하지 않고 찾아다녔기에 망해가는 회사를 살리고 좌절에 빠진 남편을 성공자로 만들 수 있는 길을 만날 수 있었다.

부인은 처음에 나에게 와서 회사를 살릴 수 있는 운을 달라고 했다. 나는 부인이 농담하는 줄 알았다. 그러나 진짜로 몰라서 하는 말이었다.

  "손님, 운은 누가 주는 것이 아니고 각자 노력하고 정성 들여 스스로 받는 것입니다. 가만히 있으면 저절로 오는 것도 아니고 누가 거저 가져다주는 것도 아닙니다. 땅을 파야 물이 고이듯이 스스로 받을 준비를 해야 받을 수 있는 것입니다. 이 세상 누구도 대신해서 아파 줄 수 없고 대신 죽어 줄 수 없습니다. 대신 밥 먹어 줄 수 없고 대신 화장실에 가 줄 수 없습니다."

  "그럼 가르쳐 주세요. 어떻게 하면 운을 받을 수 있는지. 저도 할 수 있습니다."

  부인은 수행법을 알게 되니 세상에 부러운 것이 없다고 했다. 수행으로 앞일을 알게 되니 남편이 회사의 작은 일도 자신과 의논하여 결정한다고 했다. 남편으로부터 더욱 사랑을 받게 되었고 서로에 대한 믿음도 더욱 깊어졌다. 서로 믿고 진실만을 말하며 사는 부부가 행복하게 살 수밖에 없는 것도 진리이고, 서로 가슴속에 비밀을 감추고 속이고 사는 부부가 불행하게 살 수밖에 없는 것도 진리이다.

행복의 숫자, 4

내외적으로 상생하는 사람 4명이 하나가 되면 세상을 깜짝 놀라게 할 일을 만들어 낼 수 있다. 사람들은 4수가 죽었다 하고, 죽을 사(死)는 사용하지 않으려고 한다. 그러나 그것은 잘못된 생각이다. 사람의 팔다리가 4개, 집도 4각, 동서남북도 4방향인데 그중 어느 것을 버릴 수 있겠는가?

```
        할아버지①
         ↙   ↘
    아들② + 며느리③
         ↘   ↙
         손자④
```

할아버지는 손자를 보는 것을 제일 큰 기쁨으로 생각한다. 손자가 없으면 손이 끊어진다고 불안해하고 손자가 생기면 손이 이어진다고 좋아한다. 자신의 대가 완성되었다고 생각하기 때문이다.

3수는 기본수이고 4수는 행복한 수이다. 4수는 인간이 행하는 모든 일을 완성하게 해 주는 역할을 한다.

4수로 앞일을 알고 성공과 실패 여부를 가려내기도 한다. 선거 때가 되면 간판도 없고 문패도 없는데 알고 찾아오는 사람들이 있다. 찾아와서 물어보는 것이 선거의 승패에 관한 것이다. 적을 알고 나를 알면 백전백승이라 하지 않던가!

옛날에는 사주를 알아야 그 사람의 대운을 볼 수 있었다. 그래서 어디를 가든 꼭 생년월일시를 물어보았다. 상대와 싸우려면 상대편에서 출마하는 사람의 생년월일시를 알아야 상대의 운이 강한지 약한지를 알 수 있고 대응할 수 있다. 그런데 상대편 출마자의 생년월일시를 정확히 알기란 쉽지 않다. 요즘은 사주를 알려고 애쓸 필요가 없다. 사주로 보는 대운보다 내면적인 운도 알 수 있는 관상으로 보는 대운이 더 정확하기 때문이다. 생년월일시로 보는 것은 호롱불과 같고 관상으로 보는 것은 전깃불과 같다.

선거 출마자가 당선될 것인지 아닌지 알고자 할 때 4수를 이용하면 좋다. 인간 몸에 붙어 있는 팔다리와 같이 함께 하는 팀 4명이 마음과 뜻이 같고 4명 모두 상생하면 그 입후보자는 당선된다. 확정해도 좋다. 3명이 상생하면 2등이고 2명이 상생하면 3, 4등이 된다. 상극으로 팀 구성이 되면 영락없이 지고 상생으로 팀 구성이 되면 백전백승이다. 선거에서 이기고 지는 것은 능력과 실력의 차이가 아니고 운과 상생상극의 차이다. 정치하는 사람이 상극하는 사람을 비서나 대변인으로 가깝게 두고 쓰면 배신당하고 중도에서 좌절하게 된다.

　선거 출마자들이 상담을 위해 찾아오면 나는 누가 출마할 사람인가, 비서나 경호원은 누구인가, 중요한 일을 의논하는 사람은 누구인가 등 주변 관계에 관해 물어보고, 관상을 보기 위해 사진을 가지고 왔는가를 물어본다. 그리고 비서, 경호원을 그대로 쓰라거나 교체하라는 말만 해준다. 말에도 상생상극의 소리가 있으니 상생하는 말만 하라고 가르쳐 준다. 비서, 경호원, 대변인, 부부가 상생하는 사람은 당선되고, 비서, 경호원, 대변인, 부부가 상극하는 사람은 떨어진다. 알려준 대로 한 사람은 당선되었고 '그까짓 것'하고 무시한 사람은 예외 없이 낙선했다.

　태양이 돌듯이 상생과 상극도 변화하니 항상 일정한 것이 아니다.

보이는 상생상극과 보이지 않는 상생상극이 계속 돌고 있으므로 시기에 따라 상극이 강해지기도 하고 약해지기도 한다. 서로 화합하기도 하고 충돌하기도 한다.

상생이 강하게 작용할 때 출마하면 99% 당선된다. 상극이 강하게 작용할 때는 아예 출마하지 않는 것이 좋다. 선거에서 이기려면 사람의 마음을 얻어야 하는데 상생은 사람을 모이게 하는 역할을 하고 상극은 사람을 멀어지게 하는 역할을 한다. 상생상극의 관계를 알면 나서야 할 때와 나서지 말아야 할 때를 알게 되어 억울한 누명이나 구설에 오르지 않고 시간과 돈 낭비를 줄일 수 있다.

앞일을 아는 지혜로운 사람이 되면 새로운 일에 창조자가 될 수 있고 신기술 발명가가 될 수 있다. 발명 하나로 세계 제일가는 부자가 된 사람 중에는 대학 졸업을 못 한 사람들도 많다. 고등학교 졸업장을 가지고도 선진국에서 총리를 두 번이나 한 사람도 있다. 성공한 사람들은 모두 우연의 일치로 4수 상생이 되었기 때문에 영웅, 스타가 된 것이다.

4수는 인간에게 성공과 행복을 가져다주는 숫자이다. 화합과 완성을 이루는 수이다. 좋은 수와 나쁜 수는 산에 가서 대자연을 보고 며칠만 관찰하면 알게 된다.

지식인은 한 치 앞에 닥칠 사고와

불행한 일을 알지 못해 당하면서 살고

지혜인은 한 치 앞에 닥칠 미래 일을

내다보고 대비하면서 산다.

지식의 눈으로 세상을 보면

근심과 걱정이 파도같이 밀려오고

지혜의 눈으로 세상을 보면

꿈과 희망이 화산같이 솟아난다.

5

지혜의 눈으로 보면 보인다

속마음을 보는 눈

　지식인은 어리석게 당해도 지혜인은 어리석게 당하지 않는다. 지식인들은 상대의 속마음을 보지 못하고 겉으로 보고 들은 것으로 믿을 것인가 믿지 않을 것인가를 판단하고 결정한다. 그 때문에 잘 속고 아무런 이유나 잘못 없이 상대로부터 오해를 받거나 상대를 오해하게 되는 경우가 많다. 그래서 가정불화는 지식인들의 가정에서 많이 일어난다.

　가정불화 대부분은 서로의 속마음을 보지 못하는 데서 기인한다. 그래서 사소한 말다툼으로 시작한 것이 이혼까지 가게 된다. 같이 사는 가족이나 혹은 부부간에 오해로 의심을 하게 되면 그 의심은 쉽게 풀리지 않고 한쪽이 희생되거나 모두가 파탄의 지경에 이르러야 끝나게 된다. 의심은 계속해서 의심을 낳게 되기 때문이다. 의심하고 있는 사람에게는 자신의 진실을 하늘과 땅이 안다고 말해봤자 소용이 없다.

상대의 속마음을 보지 못하는 것은 눈이 있으나 보지 못하는 것과 같다. 눈은 떴으나 보지 못하는 사람에게 어떻게 세상의 진실을 보게 하고 그의 의심을 없앨 수 있을까?

앞을 못 보는 사람과 여행을 같이 간다고 가정해 보자. 앞을 잘 보는 정상적인 시각視覺이 있는 사람과 앞을 못 보는 시각視覺을 잃은 사람과는 거리감이 있기 마련이다. 정상적으로 보는 사람은 여행하면서 아름다운 풍경을 보고 너무나 아름답다고 말을 하는데 못 보는 사람은 아무리 들어도 실감이 나지 않는다. 못 봐서 실감이 나지 않는 사람에게 계속해서 '아름답다, 좋다'고 하면 못 보는 사람은 '아! 내가 볼 수 없는 것을 알고 속이려고 거짓말을 하는구나.' 하고 생각한다. 그렇게 의심하는 사람에게 오해를 풀어준다고 계속해서 경치가 참으로 아름답다고 설명하는 것은 못 보는 사람의 오해와 의심만 부풀리는 꼴이 된다. 이럴 때는 그 사람의 눈을 뜨게 해 주고 똑같이 세상을 볼 수 있게 하는 것이 제일 좋은 방법이다. 세상을 못 보는 사람이 눈을 뜨고 세상의 아름다운 경치를 보게 되면 못 보는 사람에게 설명하듯이 설명할 필요도 없고 오해받을 일도 없다.

수행을 하면 상대의 속마음을 볼 수 있는 지혜를 얻게 된다. 부부나 가족 사이에 불신이 극에 달했을 때 수행을 하면 오해하고 미워하던 마음이 이해하고 사랑하는 마음으로 바뀐다. 서로의 속마음을 볼 수 있게 되기 때문이다.

다소의 차이는 있겠지만 '속았다, 이용당했다, 사기당했다'라고 말하는 사람들을 보면 대부분이 상대의 속마음을 보지 못하면서 상대가 하는 말만 듣고, 허위로 만든 문서만을 보고, 믿고 거래하면 자신에게 유익한 게 있겠다는 생각과 욕심에서 거래한 경우가 많다. 상대의 속마음을 보지 못하면서 거래할 때는 아예 덕을 보겠다는 생각을 하지 말아야 한다. 그러면 손해 보고 속고 이용당해서 억울하다고 말할 일은 없다.

여야 국회의원들이 국회 회의장에서만 대립하는 것이 아니고 나에게 상담받으러 온 자리에서도 서로 대립하는 것을 보고 참으로 안타까워 다음과 같이 말해준 적이 있다.

"여기는 국회의사당이 아니고 미래 일을 상담하는 장소이니 여기서만은 서로 손 잡고 웃는 모습을 보여 주십시오."

정치인들은 다 같이 좋은 세상을 만들고 싶어 하면서 왜 서로 대립하고 불편하게 지낼까? 그 이유 또한 서로 속마음을 보지 못하는 데 있다.

대한민국 사람이면 누구나 '하느님이 보우하사'라는 애국가를 부른다. 일본과 축구 경기를 할 때나 월드컵에서는 누구든 한국 선수들을 응원한다. 이때는 한국 사람끼리 나눌 것도 속일 것도 없고 모두 한마음 한뜻이 된다. 마음의 문을 활짝 열고 대화하면 놀라운 힘이 생기고 부강한 사회와 국가를 만들 수 있다. 마음의 문을 열지 못하는 것은 상대의 속마음을 보지 못하니 믿을 수 없고, 속고 이용당하지 말아야지 하는 경직된 마음 때문이다. 그러나 지혜의 눈으로 사람을 보고 깨끗한 마음으로 거래를 하면 세상에 억울할 일, 분노할 일은 없다.

앞일을 아는 지혜

 사람들은 한 치 앞에 닥칠 앞일을 몰라 늘 긴장과 초조 속에서 살면서 왜 앞일을 알고 지혜롭게 사는 방법을 찾으려 하지 않을까? 왜 목숨을 지켜줄 수 없는 지식에 매달려 살아갈까? 왜 순리대로 살지 않고 돈과 물질의 노예가 되어 살아갈까? 불신 세상, 약육강식 세상, 억울하고 힘든 고통을 겪는 일, 병들고 사고로 단명하는 일은 모두 무지에서 비롯된다. 결국, 가난하게 사는 것도 자기 탓이고, 병으로 아픈 것도 자기 탓이다. 무지하기 때문이다. 그래서 나는 무지보다 더 큰 죄는 없다고 말한다. 무지로 인해 모든 불행이 싹트고 무지는 자신뿐 아니라 남도 불행하게 만들기 때문이다.
 60대로 보이는 남자가 상담을 받으러 왔다. 중소기업 사장이다.

자식 중 둘째는 마음에 들고 믿을 수 있지만, 맏이는 믿을 수가 없어 근심 걱정이 된다고 했다. 그래서 어떤 자식을 믿어야 하는지와 회사의 앞일에 대해 알고 싶다고 했다. 나는 사주만을 봐서는 모르니 자식들을 데리고 오라고 했다. 중소기업 사장은 집으로 돌아가 두 명의 자식을 데리고 왔다. 분야는 다르지만 둘 다 대학에서 강의를 하고 있었다. 중소기업 사장의 자식들을 보고 나는 다음과 같이 말했다.

"손님이 지금은 맏이가 밉고 싫지만 앞으로 맏이의 말을 믿게 될 것입니다. 그러면 회사와 공장, 집은 어려움을 당하고 파산하게 될 것입니다."

중소기업 사장은 왜 그러냐고 물었다.

"회사와 집, 공장을 잘 되게 하려면 둘째를 믿어야 합니다. 그런데 지금은 둘째가 좋지만 앞으로 손님과 부인은 자식을 해치고 회사와 공장, 가정을 망하게 하는 일을 하게 되는데 모든 것은 맏이를 믿고 하다가 그렇게 될 것입니다."

상담하고 돌아간 지 1년 만에 맏이가 부모의 재산 때문에 욕심이 생겨 동생을 험담하고 비난하게 되었다. 부모와의 사이를 이간질하니 가족들이 맏이의 말만을 듣고 둘째를 미워해서 정신병원 독방에 약 1년간 성과 이름도 바꾸어 입원시켰다. 그렇게 맏이의 말만을 듣고 믿다가 몇 년 안 가서 회사와 공장도 망했다.

가정이든 회사든 국가든 망하려면 들어선 안 될 사람의 말을 듣고 옳은 말, 유익한 말은 듣지 않는다. 자신에게 닥칠 앞일을 알지 못하니 옳고 그름에 대한 판단력을 잃어버린다. 다 망하고 나서야 비로소 자신의 잘못을 깨닫고 통곡하며 후회한다.

진실을 보지 못하고 앞일을 보지 못하는 무지는 자기 자신뿐 아니라 남도 불행하게 한다. 한 집안 가장의 무지는 자식의 앞길을 망치고 가정도 불행하게 만든다. 한 기업 사장의 무지는 기업을 망하게 한다. 한 나라 대통령의 무지는 나라 전체를 망하게 한다. 흰 설탕과 흰 소금을 눈으로는 가려낼 수 없고 맛을 봐야 알 수 있듯이 귀로 듣고 눈으로 보아서는 어떤 것이 진짜인지 알 수 없다. 직접 체험·확인을 해 봐야 무지에서 벗어나는 방법이 수행에 있다는 것을 알게 된다.

이별 수가 뭡니까?

명문대 4학년 최지영은 부모에게 말대꾸하고, 학교 선생님에게도 묻고 따지기를 좋아하던 학생이었다. 그녀는 늘 몸이 아파서 병원 약을 달고 살고, 자포자기로 비관하며 세상에 대한 불평불만을 늘어놓았다. 그런데 최지영 학생이 수행을 알고 수행한 후 몸이 건강해지고 매사에 긍정적이며 부모의 말도 잘 듣는 효녀가 되었다. 그 후 최지영의 어머니는 수행을 가르쳐 준 나를 각별하게 대우해 주셨고 가족 모두와 좋은 인연이 되었다.

어느 날 최지영의 어머니가 나에게 별장 자리를 봐 달라고 부탁했다. 친구가 경기도에 약 200만 평의 땅을 가지고 있는데 그곳에 마음에 드는 별장 자리를 찾아보라고 한다며 부탁한 것이다.

땅 주인인 친구는 수십 개의 사업체를 거느리고 서울에 큰 저택에 사는데, 1년 내내 해외에 나가 있을 만큼 거대 기업 회장의 부인이었다. 별장 자리를 고를 땅에 도착하자 땅 주인인 친구와 수행원으로 보이는 사람이 여러 명 있었다. 모여 있는 사람들 전부 사회에서 그저 평범한 일을 하는 사람들로는 보이지 않았다. 산과 땅이 어디까지인가를 물어보니 경계를 신경 쓸 것 없이 눈에 보이는 산과 땅이 모두 친구의 땅이라고 했다. 나는 학생의 어머니와 함께 차를 타고 땅을 돌아보았다. 그러나 그렇게 넓은 산과 땅 위에 별장 하나 지을 마땅한 장소가 없었다. 학생의 어머니가 친구에게 별장 자리가 없다는 내 말을 전하니 땅 주인인 친구는 특유의 경상도 사투리로 의아해하며 물었다.

"친구야, 명문대 교수님들이 좋은 땅이라고 좋은 곳이 많다고 하는데 왜 없다고 하니? 땅이 마음에 안 드니? 여기 좀 와봐라. 이곳에 꽂힌 팻말 이름 누구인지 친구도 알지? 내 자식들 집을 이곳에 하나씩 지으려고 풍수지리학 교수님이 잡은 자리다. 보기에도 정남향에 좌우가 감싸주고 앞이 확 트인 복가 터지?"

친구가 말을 마치자 학생의 어머니가 나에게 다시 물었다.

"이 팻말 박힌 곳에 친구의 자식들 집 지으려고 한답니다. 이 자리는 좋습니까? 이 자리가 좋으면 하나 달라고 해서 여기에 별장을 지어도 됩니다. 저 친구는 내가 마음에 든다고 하면 줍니다. 선생님 보시기에는 어떻습니까?"

"사회에 이름 있는 분들이 복가 터라고 해서 집을 지으려고 땅을 정리해 놓은 것을 보고, 제가 복가 터가 아니라고 하면 믿으시겠습니까? 저는 바보로 평가받고 싶지 않습니다. 200만 평이 넘는 이 땅 위에 와서 집 짓고 살면 이 땅 전부를 준다 해도 저는 이 땅에 집 짓고 살지 않습니다. 이만 저는 가야겠습니다. 강원도에 가서 산까지 올라가려면 지금 가야 합니다."

내가 막 나오려 하는데 땅 주인이 와서 물었다.

"선생님은 어느 대학에 계십니까? 선생님께서 땅을 잘 보시기에 친구가 모시고 온 것으로 압니다. 한 말씀 해주고 가세요. 내 자식들 집터 좋은 자리 맞지요?"

땅 주인은 팻말 꽂은 곳을 손으로 가리키면서 설명했다. 땅을 보고 내가 말했다.

"저 팻말 뽑고 땅 원래대로 복구하십시오."

"왜 그런 말씀을 하십니까?"

"저 팻말 꽂은 땅 원래대로 복원하지 않으면 저기에 꽂힌 사람에게 이별 수가 생깁니다. 3개월 안으로 뽑고 원상 복구하지 않으면 이별 수를 피할 수 없습니다."

"이별 수가 뭡니까? 무슨 일로 이별 수가 있다고 보십니까?"

"건강 문제입니다."

땅 주인이 어이가 없다는 듯 학생의 어머니와 나를 번갈아 보며 물었다.

"친구야, 이 선생님 말을 친구는 믿나? 친구 너도 알지? 내 아들은 미국과 한국의 내과 박사증이 둘이다. 그리고 지금 한국에 내과 박사로 있다. 그리고 아주 건강하고 이제 나이 40이 막 넘은 젊은 사람이다. 이별 수면 이혼을 한다는 겁니까? 아니면, 직장을 옮겨 미국이나 영국으로 갑니까?"

"그런 곳이라면 다시 만날 수도 있겠지만 만날 수 없는 먼 곳으로 간다면 … 첫 번째 이별은 참고 견딜 만하지만 두 번째, 세 번째 이별은 어떻게 견뎌내시겠습니까?"

나는 이별 수를 피하려면 3개월 안에 땅을 원상 복구해야 한다고 당부했으나 땅 주인은 이해도 안 되는 이상한 소리만 한다고 못마땅해했다. 돌아오는 차 안에서 학생의 어머니가 물었다.

"이별 수가 뭡니까? 선생님께서 내과 박사인 친구 아들의 건강에 이별이 있다고 말씀하시니 그 친구가 이해를 못 하고 선생님을 이상한 분으로 생각합니다. 이혼도 아니고 직장을 옮기는 것도 아니면 죽는 것입니까?"

"예. 죽는다고 단정 지어 지금은 말씀드릴 수 없지만 죽는 것이 이별 수에 들어갑니다. 제가 친구분에게 아주 멀리 가는 이별 수라고까지 말씀드렸습니다."

"사람도 안 보고 사주를 풀어 보지도 않고 알 수 있습니까?"

"예. 누구든 배우고 공부하면 의사도 되고 과학자도 되는 것같이 운명 철학도 수행 공부도 같습니다. 심도 있게 배우면 저뿐만이 아니라 어머님께서도, 땅 주인도, 이 세상 사람 누구나 알 수 있습니다."

"만약 죽는 이별 수라면 친구에게 말해야 하지 않겠습니까?"

"다 말씀드렸는데 그분께서는 제 말을 믿지 않습니다."

3개월쯤 지났을 무렵, 꼭 좀 뵙고 싶다며 학생의 어머니에게서 연락이 왔다. 만나자고 한 내용은 친구의 일 때문이었다. 땅 주인의 아들이 이제 40세밖에 안 되었는데 얼마 전 병으로 죽었다는 것이다. 그런데 '첫 번째 이별은 견딜 만하지만 두 번째, 세 번째 이별은 어떻게 견뎌내시겠습니까?' 했던 말이 계속 생각나서 미국에서 다시 왔다는 것이다.

"죽는다고 해야 알아듣지 빙빙 둘러서 이별 수라고 하면 알아듣습니까? 두 번째는 누가 언제 죽습니까?"

"그럼 제가 묻겠습니다. 두 번째 이별 수의 결과를 기다려 보시겠습니까, 아니면 제가 알려드리는 대로 일을 진행하시겠습니까?"

땅 주인은 저번과는 다르게 적극적인 자세로 내가 알려 주는 대로 하겠다고 했다.

"경기도 땅 말고도 전국에 땅을 많이 가지고 계시니 그 땅을 매도하십시오."

"땅 덩치가 커서 쉽게 팔리겠습니까? 원래는 300만 평 가까이 되고 평당 200만 원씩인데 매도가 빨리 될지 걱정입니다. 매도하기 전에 무슨 일이 생기지나 않을까 걱정이 됩니다."

"제가 우선 비법을 해 드리겠습니다. 그리고 땅은 싸게 내놓으면 팔릴 것입니다."

결국, 땅 주인은 약 1조 원가량 손해를 보고 땅을 팔기로 했다. 세상에는 돈 몇 푼 안 쓰고 아끼려다 죽는 사람도 있지만, 경기도 땅 주인은 1조 원의 돈보다 생명을 택했다. 나는 학생 어머니의 친구라는 이유로 아무런 대가도 없이 비법을 해 주었고, 그 후 땅 주인의 가족 중 누구도 갑작스럽게 단명하는 불행을 당하는 일은 없었다.

나는 대 재벌에게 비법을 공짜로 해 주고 나서 주변 사람들에게 '선생님은 멍청이!'라는 소리와 불평불만을 두고두고 들어야 했다. 나는 상담하고 받은 돈이나 상담 의뢰자들이 소원을 이룬 후 감사의 뜻으로 내는 사례금을 도로 돌려주거나 나에게 상담받으러 온 어려운 사람들에게 아무 조건 없이 주는 일을 이미 오래전부터 해 오고 있다. 내가 가진 집과 땅을 아무 조건 없이 주고 나는 근처에 비닐하우스를 짓고 내 가족들을 데리고 이사한 적도 있다. 상담 의뢰자의 가정 형편이 너무나 어렵고 딱했기 때문이다.

주변 사람들의 불만은 이 돈을 모았다가 방송국에 가져다주면 방송에 이름 석 자가 나오며 선전이 될 것이고, 빌딩이라도 하나 사서 거기에서 나오는 돈으로 어려운 사람들을 도와주면 더 많은 사람들에게 더 좋은 일이 될 텐데, 왜 초라한 농가에 살면서 아무도 알아주지 않는 곳에 돈을 값없이 쓰는가 하는 것이다. 세상 사람들은 남이 한 일도 자기가 한 일이라고 드러내는데 왜 선생님은 자신이 한 일도 파묻어 버리느냐 하는 것이다.

노력의 대가를 정당히 받는 것은 당연하고, 상담할 때 상담비를 많이 받는 것이 상대를 위해서 좋은 것도 사실이다. 상담비를 몇천, 몇억씩 내는 사람은 없지만 내 경험으로 보았을 때 상담비를 많이 낸 사람은 그만큼 상담받은 내용을 귀하게 받아들인다. 비싼 값을 주고 산 물건을 귀하게 여기는 것과 같다. 그러나 상담비를 조금 내거나 내지 않은 사람은 상담 내용을 가볍게 듣고 돌아가서 실천하지 않는다. 공짜로 얻은 물건은 귀하게 여겨지지 않아 며칠 있으면 쓰레기통에 버려지는 것과 같다.

따라서 나도 상담받으러 온 사람이 닥쳐올 어려움을 피하고 어려움 없이 살게 하기 위해서는 많은 돈을 받고 싶다. 그러나 이 세상에서 쌓은 권력, 명예, 재물을 저세상에 가지고 갈 수 없고 받은 것은 나에게 짐이 된다는 것을 알기 때문에 그렇게 하지 않았다.

또한, 많지 않은 금액이라도 상담하고 받은 돈을 나의 안락과 편의를 위해 쓰면 좋겠으나, 누구나 그러하듯 사람의 마음은 편하면 더욱 편해지고 싶고, 있으면 더욱 많이 갖고 싶어진다. 그러나 앞일을 아는 지혜와 마음 수행은 무소유일 때 정진하고 발전할 수 있기에 그렇게 하지 않았다.

해외를 오가며 모든 것에서 남부러울 것 없이 영웅·황제처럼 사는 200만 평 땅 주인도 자신과 가족의 앞일에 대해서는 무지했다. 예언에 대해 믿지 않았고 그 결과 불행을 겪었다. 이별 수 이야기를 할 때 여러 명이 주위에 있었으나 그 사람들 역시 내 예언에 대해 믿지 않고 의아해했다. 아무리 생각해도 각자 자신들이 배운 바대로 생각하면 이해가 안 되기 때문이었을 것이다. 사람은 누구나 자기 생각으로 이해가 안 되면 의심하고 눈에 보이고 손으로 만져 볼 수 있어야 믿는다.

앞일을 아는 방법은 눈이 아닌 마음으로 보는 데 달려있다. 얕은 물도 흙물은 물 바닥이 안 보이고 깊은 물이라도 맑고 깨끗하면 물 바닥이 보이는 것과 같이 깨끗한 마음으로 봐야 보인다.

자동차를 운전할 때 비가 오거나 날이 추우면 차 유리에 김이 서려 앞이 안 보일 때가 있다. 인간의 마음도 김이 서린 자동차 유리처럼 닦으면 보이고 잠시라도 게을리하고 닦지 않으면 안 보인다. 마음을 한 번 닦으면 죽을 때까지 세상과 미래 일이 잘 보이는 줄로 아는 것은 잘못된 생각이다. 차 유리에 서린 김이 한 번 닦으면 몇 달이고 몇 년이고 김이 서리지 않고 잘 보이는 것이 아니다. 그때 그때마다 닦아야 앞이 보인다.

농부는 씨앗이 죽을 땅에 씨앗을 심지 않는다

 씨앗을 심으면 싹이 터 나오지 않고 죽는 그런 땅이 있다. 땅의 성질에 따라 식물이 나고 자라는 것이 다르듯 주택이나 아파트도 그 집에 사는 사람의 삶에 영향을 미친다. 집에 들어가면 기분이 좋아지고 피로가 없어지고 잠을 잘 자게 되고 좋은 일이 생기는 집이 있고, 집에 들어가면 기분이 나빠지고 피로가 풀리지 않고 잡다한 생각으로 깊은 잠을 자지 못하고 걱정근심 할 일이 생기는 집이 있다.
 가족의 일이 생각한 대로 잘 되고 가족 모두가 가난하지 않고 사고와 병으로 단명하지 않고 건강하고 행복하게 사는 집을 복가라 하고, 가족의 일이 생각한 대로 잘 안 되고 가족들이 가난하게 살고 병으로 아프고 약을 먹어도 빨리 낫지 않고 안 좋은 일만 생기는 집을 흉가라 한다. 이러한 것을 아는 지혜로운 사람들은 복가에서 살기를 바란다. 복가는 시세보다 웃돈을 더 주고라도 사야 하고 흉가는 공짜로 준다고 해도 가지 말아야 한다. 복가에서는 영재·천재, 효자가 태어나고 흉가에서는 둔재, 불효자가 태어난다. 건강한 자식이 태어난 집은 늘 웃음꽃이 피고 행복하지만 병약한 자식이 태어난 집은 늘 걱정근심을 하면서 살게 된다.

땅도 생하는 땅과 극하는 땅이 있다. 생하는 땅에 집을 지으면 좋은 일이 생기지만 극하는 땅에 집을 지으면 집 짓는 순간부터 안 좋은 일이 생기고 가족이 사고와 병으로 죽게 되거나 걱정근심 할 일이 떠나지 않게 된다.

생하는 땅, 즉 복가 터에 잘 지어진 집은 오래 보존되고 몇 대씩 내려가면서 살게 되므로 주인이 바뀌는 경우가 거의 없다. 복가 터에 맞게 잘 지어진 집에서 사는 사람은 태어나면서부터 수명이 다해 죽을 때까지 약 먹고 병원에 가는 일 없이 무병장수하게 된다. 억울한 일, 가슴 아픈 일을 당하지 않고 싸울 일, 이혼하는 일, 법원에 가는 일 없이 살게 된다. 그래서 사람들은 복가 터를 찾고 좋은 터에 집을 짓고 살고 싶어 하고 자식과 후손들이 복가 터에서 번창하기를 바란다. 때문에 복가 터는 정해진 값이 없고 집주인이 부르는 것이

값이다.

요즘은 도시가 아니라도 어디나 아파트가 즐비하다. 똑같은 구조의 아파트도 다 똑같은 것이 아니다. 같은 단지 내에 있어도 아파트도 복가와 흉가가 있다. 사람들은 단지 내에 있는 똑같은 아파트가 어떤 것이 복가이고 어떤 것이 흉가인지 어떻게 알 수 있느냐고 묻는다. 자동차를 타고 시골길을 가면서도 복가와 흉가를 알고 그 집에 사는 사람들에게 사고와 불행한 일이 있을 것을 말하면 그 일을 어떻게 알 수 있느냐고 묻는다. 사람들은 신기하다고 말하지만 알고 나면 신기할 것이 없다.

집을 짓는 목수는 높은 산에 올라가면서 수많은 나무들을 보고 기둥감, 대들보감, 화목감 등 어떤 용도로 써야 할지 나무를 보는 순간 알 수 있다. 관상을 잘 보는 사람은 수많은 인파가 오고 가는 속에서도 관상이 좋은 사람과 그렇지 못한 사람을 구분할 수 있다.

사람들은 TV를 보고 휴대폰을 사용하면서 어떻게 얼굴과 목소리가 비바람 태풍 속을 뚫고 빠르게 전달되는지 궁금해하고 신기하게 생각한다. 그러나 기술자가 보면 아무것도 아니다. 복가와 흉가를 보는 것도 마찬가지이다. 누구나 관심만 가지면 복가와 흉가를 보고 알 수 있고 관심 없고 배우지 않으면 신기하고 어렵게만 생각된다.

요즘은 사람들의 인사가 '건강하신지요?' 하는 것이다. 사람들은 병을 무서워할 줄만 알지 병과 싸워 이기는 방법은 생각하지 않는다. 땅의 생한 기운이 가장 강렬한 곳, 산의 명치 자리에 앉으면 불치 난 치병도 낫듯이 매일 약을 먹는 몸이 아픈 사람을 복가 터에 있게 하면 약 먹을 일이 없어진다. 병은 약을 먹어야 낫는다는 원시적인 생각에서 벗어나 병을 이기는 방법에 조금만 관심을 가지면 병으로 고통받지 않고 건강하게 살 수 있다.

내 손님 중 한 사람은 좋은 집을 싸게 판다고 해서 그 집을 사서 들어가 살았는데 이사 간 지 1년 만에 남편이 죽고 회사가 망했다. 뒤늦게 그 집에 들어간 것을 후회했으나 무슨 소용이 있을까? 망할 운에 접어들면 아무리 좋은 말을 해주고 말려도 듣지 않고 평소에는 잘 하지 않던 고집도 더욱 강하게 부리게 된다. 반면 가난과 병의 고통에 참고 견디기 어려워 죽고 싶다는 사람도 땅과 주택이 상생하는 곳으로 옮겨가 살기만 해도 고통이 없어지고 죽고 싶은 마음이 없어진다.

1년의 절기에도 상생상극이 있다. 자신과 상극하는 절기에 집을 짓거나 집을 사서 이사를 가면 안 좋은 일이 반드시 생긴다. 자신과 상극하는 계절에 결혼하거나 사업을 시작하면 이혼하고 망하기 쉽다. 자신과 상극하는 절기와 날에는 자동차 사고가 날 확률이 매우 높다. 상생상극, 복가와 흉가를 외면하고 한 치의 앞일을 모르고 사는 것은 부끄러운 일이다.

 자식과 후손을 사랑하고 잘 되기를 바란다면 자신과 상생하는 사람, 상극하는 사람을 아는 법, 복가와 흉가를 아는 법을 가르쳐 주어야 한다. 인간의 힘으로 상극을 이길 수는 없지만 비껴가거나 가볍게 넘길 수는 있다. 흉가에 살면서 약 먹고 병원에 가는 것은 부끄러운 일이다. 지혜로운 사람으로 부끄럽지 않게 살아야 한다.

마음고생 없는 주식 투자 방법

김천시에 사는 40대 피웅철이란 남자가 상담을 받으러 왔다.
"회사에 다니다 부도가 나서 그만두고 다른 곳에 취직하려 했는데 배움과 기술이 없다 보니 어려웠습니다. 그래서 중고 1톤 트럭을 사서 아내와 둘이 무, 배추, 식품류를 싣고 식당에 팔거나 동네 골목을 다니며 장사를 했습니다. 그런데 그것이 잘 안 되어 지금은 그나마도 못하고 놀고 있습니다. 하루하루 사는 것이 힘들고 어렵습니다. 중학교에 다니는 아이가 둘이나 있는데 아침마다 돈 달라고 해도 줄 돈이 없습니다. 신용불량자가 되어 돈 빌려 쓸 데도 없고 일하고 싶어도 일할 곳이 없습니다. 아내는 치유가 잘 안 되는 병으로 4식구 사는 집안일도 겨우 합니다. 저도 허리를 다쳐 힘든 일은 못 합니다. 요즘 아내가 비관하며 우는 것을 보면 가슴이 답답하고 미쳐 버릴 것 같습니다. 이 지긋지긋한 어려움에서 벗어나서 건강하게 잘 살 방법은 없습니까?"

남자는 목멘 소리로 묻지 않은 말을 쉬지도 않고 하고는 고개를 푹 숙인다. 말을 들으니 딱하기는 하나 이런 가정에 희망이 될 만한 것이 무엇이 있을까? 사주를 보나 마나 이런 사람은 신약하다. 관상을 보니 패기도 능력도 없다. 잠시 생각하고 있는데 밖에서 나와 상담 후 선거에서 당선된 국회의원 한 분이 인사를 왔다고 전했다. 선거 직후에는 여야 양쪽에 관련된 사람들의 방문이 많아 상담을 오래 할 수 없다.

"지금 가진 재산은 얼마나 있나요?"

"김천시 변두리에 구옥 3,500만 원 전세 사는 돈이 전부입니다."

"여기는 어떻게 알고 왔나요?"

"식품 장사할 때 식당 사장님이 저를 보시고 장사 경험도 없어 보이고 그렇게 장사해서는 돈 못 버니 선생님께 한번 가 보라고 적어 주었습니다."

소개로 온 사람을 가볍게 보고 돌려보낼 수도 없는 일이다. 주식을 하라고 말을 하니 조용히 고개 숙이고 앉아 있던 사람이 갑자기 언성을 높였다.

"주식은 하기 싫습니다. 부모님께서 물려주신 집이 주식 때문에 없어졌습니다."

"주식을 어떻게 했는데 집이 없어져요?"

"돈이 없어서 집을 은행에 잡히고 빚내서 하다 집이 없어졌습니다. 처음에는 책 보고 인터넷으로 조금씩 했는데 하는 것마다 다음 날 곤두박질을 치고 순식간에 원금이 날아가서 카드빚 내서 했습니다. 원금이라도 회수해야 한다는 생각에 주식에만 골몰하니 다른 일상은 눈에 들어오지도 않았습니다. 주식으로 돈 벌었다는 각종 정보를 다 뒤지고 전문가들 말을 듣고 해도 카드빚, 사채의 원금을 갚기는커녕 자꾸 더 빚이 커졌습니다. 주식 시장에서 잃어버린 돈을 생각하면 밥도 안 먹히고 잠도 안 오고 언제 잃어버린 돈을 만회하나 하는 생각에 미칠 것 같았습니다. 이러다 정신병자 되겠구나 싶었습니다. 그러다 신용불량자가 되고 부모님이 물려주신 집이 날아가고서야 다 포기하고 주식을 다시는 안 하기로 했습니다."

"그럼 나는 더 해줄 말이 없으니 오늘은 가고 무엇이든 하고 싶은 것이 있으면 그때 다시 오세요."

며칠 후 피웅철은 아내와 함께 다시 찾아왔다.

"선생님께서 하라시면 주식을 하겠습니다."

"주식은 다시는 안 한다고 결심했다 하지 않았소?"

"사실은 선생님을 소개해 주신 식당 사장님을 뵙고 결심했습니다. 사장님이 선생님이 하라고 하는 것을 하면 성공한다고 말씀하셨습니다. 저는 별다른 능력도 재주도 없고 취직도 못 합니다. 다 포기했었는데 선생님께서 하라시면 해 보겠습니다. 그래서 아내와 같이 왔습니다."

"그럼, 돌아가서 전셋집 뽑아 제일 싼 월세로 옮기고 그 돈을 가지고 주식을 하세요. 방법은 내가 가르쳐 주는 대로 해야 합니다. 내 말 듣고 주식에 투자해서 돈 없어지면 두고두고 날 원망할 것 아닙니까? 난 젊은 사람들에게 원망 듣고 싶지 않아요. 실패할 것은 시키지 않습니다. 그 대신 내가 하라는 대로 해야 합니다. 약속을 잘 지켜야 합니다. 약속을 지키지 못하면 성공하지 못합니다."

부부는 약속을 잘 지키겠다고 다짐하고 돌아가 전세금을 뽑아 보증금 500만 원 하는 월세로 옮기고 3,000만 원으로 주식을 했다. 부부는 나와 약속한 대로 수행을 열심히 하고 다음 날 주식을 사면 꼭 좋은 결과가 있었다고 했다. 피옹철은 1년 만에 전셋집으로 다시 이사하고 그 후 좋은 집을 샀다는 소식을 전해 왔다.

주식 투자에 마음고생 없이 성공하려면 내일 주식이 올라갈 것인지 내려갈 것인지에 대해 자신만이 알 수 있는 비법이 있어야 한다. 주식 투자에는 내일 일을 아는 지혜가 제일이다. 내일 일을 내다보는 데는 수행만 한 것이 없다. 앞을 내다보는 지혜를 가진 사람은 높은 산에서 세상을 내려다보는 것과 같다. 세상이 한 눈, 한마음에 들어오게 된다. 상극을 피하고 상생 경쟁하면서 편안하고 행복하게 사는 비결은 수행으로 앞일을 내다보는 지혜를 키우는 것이다.

성공한 개인, 행복한 가정이란

순서대로 태어나서

순서대로 세상을 떠나는 것이다.

나중에 태어난 자가 먼저 죽으면

성공한 가정이 못 된다.

윗물이 맑으면 아랫물이 맑고

우러러 쳐다보는 곳에서

창의적인 교육이 이루어진다.

6

심는 대로 거둔다

지혜인을 만드는 교육의 길

한국민족이 세계에서 가장 우수한 두뇌를 가지고 있다는 것이 이스라엘 연구로 밝혀졌다. 이스라엘은 자기 민족의 우월성을 밝히기 위해 연구를 하고 책도 편찬할 예정이었으나 한국민족이 더 우수하다는 결론이 나오자 연구를 중단하고 책도 내지 않았다. 한국은 세계에서 최고로 우수한 두뇌를 가진 민족인데 길고 긴 역사를 이어오면서 대략 931번의 침략과 전쟁을 겪고 학살과 고통을 당했다. 그리고 현재까지 미국, 일본, 중국 등 주변 국가들로부터 지배와 간섭을 받고 있다. 왜 그럴까? 이유는 힘이 없기 때문이다.

이스라엘 민족은 약 2,000년간 나라 없이 난민 생활을 했다. 그런데 현재 이스라엘은 약 900만(2022년)이라는 소수의 인구로 미국 전역에서 주요 요직을 모두 장악하고 있고, 미국을 움직이며 세계를 움직이고 있다. 한국 인구의 1/6밖에 안 되는 숫자로 핵을 보유하고 있다. 일찍이 독일로부터 전쟁에 대한 사과와 보상을 톡톡히 받아냈다. 힘이 있기 때문이다. 이스라엘은 어떻게 힘 있는 나라가 되었을까? 그것은 모두 교육의 힘이다.

한국이 유구한 역사를 자랑하지만, 독도에 대해 위협을 받을 만큼 힘이 없게 된 원인은 잘못된 교육에 있다. 이스라엘 청년들은 대학을 졸업하면 99%가 창업을 한다. 우리나라는 대학을 졸업해도 기술을 개발하고 창업하는 청년들이 거의 없다. 대부분 고시촌에 몰려들어가 공무원 시험 또는 대기업 입사시험에 목을 매고 있다. 거의 모든 학생이 대학을 가지만 대학을 졸업해도 창업할 아이디어가 없다. 하나의 기계부속품 같은 일꾼으로서 남들이 만들어 놓은 직장만 가게 만드는 대학공부는 무엇에 쓸 것이며 누구를 위한 것일까?

2014년 일간신문에 난 고(故) 이건희 회장의 말이다.

"앞으로 10년 후 삼성이 무엇을 해서 먹고 살까 하는 생각을 하면 자다가도 벌떡 일어나게 되고 식은땀이 난다."

이건희 회장이 가족들이 먹고살지 못할까 봐 걱정하는 말이 아니다. 삼성과 그 계열사에서 일하고 있는 모든 직원과 국가의 위기를 걱정하는 말이다. 그리고 10년후 그것은 현실로 점점 드러나고 있다. 삼성은 한국의 대표기업이다. 한국경제는 삼성과 같은 몇몇 대기업에 의존해 있다. 굵은 뿌리 몇 개로 버티고 서있는 나무와 같다. 나무가 잔뿌리 없이 굵은 뿌리만 몇 개 있으면 조금만 바람이 불어도 흔들리고 뿌리째 뽑히고 만다. 이처럼 한국은 삼성 같은 대기업 몇 개가 망해 없어지면 국가가 흔들리게 된다. 대기업이 망하면 국가가 가난하게 되고 힘이 없어진다. 그러면 또 침략과 전쟁, 학살과 고통을 당하게 된다.

지하자원이 없는 한국은 창의적인 인재를 길러내는 것만이 살길이기 때문에 영재·천재, 글로벌 인재를 만들어내기 위해 1980년대부터 각종 영재교육을 했다. 서울거리를 다니다 보면 영재교육, 두뇌 교육, 상상력과 창의력 교육을 한다는 광고를 많이 보게 된다. 그런데 40년 이상이 지났지만 영재·천재, 상상력과 창의력이 뛰어난 지혜인은 다 어디에 있는가?

지식과 지혜는 다르다. 각 가정의 부모들은 자녀들이 가난과 전쟁의 고통을 당하지 않고 잘 살기를 바라면서도 지혜인을 길러내는 교육을 외면해 왔다. 지혜인이 뭔지도 모르고, 상상력과 창의력이 어디에서부터 오는지도 모른다. 교육과 학습을 구분하지 못하고, 교육을 학원이나 학교에서 하는 줄로 알고 있다. 대학만 가면 인생에서 배울 것을 다 배운 줄로 알고 있다.

상상력과 창의력이 뛰어난 지혜인을 길러내는 길은 순리에 있다. 순리대로 살고 순리대로 교육해야 상상력과 창의력이 뛰어난 지혜인을 길러낼 수 있다. 심는 대로 난다는 말이 있듯이 교육은 부모로부터 가정에서 시작된다. 선하고 좋은 기운과 마음으로 태아를 잉태하는 것부터 지혜교육의 시작이다. 그리고 태어난 아이에게 기초교육을 튼튼히 해야 한다. 그다음으로 자라나는 중, 고등학생과 대학생에게는 두뇌를 세탁하는 교육을 해야 한다. 두뇌를 세탁하지 않고 무조건 공부만 하게 하는 교육은 물이 가득 들어있는 컵에 계속 물을 붓는 것과 같다. 두뇌는 밥상 위에 그릇과 같아서 비우지 않으면 새로운 것을 담을 수가 없다.

이런 이치를 모르는 부모들은 순리와 기초가정교육을 무시해 버리고 이미 다 커버린 나무를 잡고 씨름하고 있다. 중, 고등학생 자녀들을 이른 아침부터 밤늦은 시간까지 학교와 학원으로 실어 나르며 서로 고통을 주고받으며 살고 있다. 부모는 조경사와 같다. 아무리 기술이 좋은 조경사라도 이미 커 버린 나무를 가지고 아름답게 원하는 모양을 낼 수는 없다. 두뇌 속에 잡다한 것을 깨끗이 청소하지 않고 교육하는 것은 고목으로 아름답게 만들려고 하는 것과 같다.

나는 1990년대 전국 초, 중, 고등학교를 순회하며 영재·천재 지혜인을 만드는 교육에 대해 강의했다. 개별상담을 통해 공부를 못해 상위 진학을 포기한 학생들을 상위학교에 가게 하고, 부모와 학생이 원하는 대학에 합격하게 해 주었다. 사법, 행정, 공무원 시험에 매번 떨어진 청년들의 공부 방식을 바꾸어 시험에 합격하게 하고 원하는 직장에 합격할 수 있게 해 주었다.

학생들이 좋은 성적을 내고 창의적인 두뇌를 만들려면 먼저 두뇌 세탁을 해야 한다. 그래서 나는 학생들에게 공부하는 시간을 반으로 줄이라고 말한다. 호흡법처럼 공부하라. 그러면 누구나 자신이 원하는 대학에 가고 상상력과 창의력이 뛰어난 지혜인이 된다고 말한다.

갑사에서 만난 청년들

　세상에서 일하기 좋아서 하는 사람이 없듯이 하루 3시간만 자고 공부하는 것이 좋아서 하는 사람은 없다. 책을 많이 읽고 공부를 많이 해야 기억력이 좋아진다고 생각하는 것은 무엇이든 많이 먹어야 몸이 건강해진다고 말하는 것과 같다. 배설 없이 닥치는 대로 많이 먹으면 몸이 건강해지는 것이 아니라 병이 생긴다. 건강해지려면 밥을 더 먹고 싶을 때 숟가락을 놓아야 한다. 두뇌를 맑고 깨끗하게 하려면 책을 더 보고 싶을 때 책장을 덮어야 한다.

　계룡산에서 7개월을 수행하고 하산할 때였다. 갑사에서 스님과 사법, 행정시험을 준비하는 3명의 청년을 만났다. 7개월 동안 산에서 썼던 생활용품들을 담은 배낭을 지고 내려오다가 잠시 갑사 앞마

당에서 쉬고 있었다. 스님이 다가오며 나에게 물었다.

"어디가 아프십니까? 얼굴에 병색이 완연하고 금방이라도 쓰러질 것 같습니다."

"아픈 것이 아니고 수행을 하고 하산하는 길입니다."

"그럼 수행하느라 잘 못 먹어서 그렇군요. 안으로 들어오세요."

스님을 따라 들어가니 과일과 떡을 내어주셨다. 스님이 또 내게 물었다.

"어떤 수행을 하기에 몸이 그토록 말랐습니까? 얼마 만에 내려가는 것입니까?"

"한번 산에 들어오면 대략 7개월 동안 있다가 내려갑니다."

"계룡산에는 사람이 많아서 수행하기 쉽지 않았을 텐데 어디에서 수행하셨습니까?"

"서북쪽 산 너머에서 했습니다."

"그쪽은 햇볕 없는 그늘 진 곳인데 추운 겨울에 어떻게 수행을 했습니까?"

"추운 것, 배고픈 것, 힘든 것을 이겨내야 수행이 되지요. 수행에 지켜야 할 첫 번째는 사람을 만나지 않고 하는 것이기 때문에 따뜻하고 양지바른 쪽은 피해서 합니다. 수행 중에 사람을 만나면 수행이 안 됩니다."

"모든 것에는 목적이 있는데 처사님 수행의 목적은 무엇입니까?"

"어떻게 하면 한 치 앞에 닥칠 사고와 죽음을 알고 오늘일, 내일 일을 알 수 있을까 하는 것입니다."

"그래서 그 목적의 답을 구하셨습니까?"

"예. 찾았습니다."

"어떻게 하면 앞일을 알 수 있습니까?"

"호흡을 해야 생명이 유지되듯이 순리대로 생활하면 두뇌가 맑아지고 상상력과 창의력이 뛰어나게 되고 영감, 예감, 직감이 발달하여 앞일을 알 수 있습니다."

스님과 대화를 하고 있는데 3명의 청년이 스님을 찾았다. 사법, 행정시험을 위해 집을 떠나 절에서 공부를 하는 청년들이었다. 이들은 같은 대학을 나와 한 사람은 사법시험을, 다른 두 사람은 행정시험을 준비하고 있는데 이미 몇 번씩 떨어진 경험이 있었다.

"시험공부는 어떻게 하고 있습니까?"

내가 청년들에게 물었다.

"아침부터 저녁까지 책을 보고 또 보는데 공부는 더 안 됩니다. 벌써 몇 번씩 떨어지고 나니 자신감도 없어져 마음만 초조하고 불안

합니다."

"이번에도 떨어지면 나를 찾아오세요."

나는 수행을 마치면 다음 수행경비를 마련하기 위해 강의와 상담을 하며 수락산에서 지냈다. 한해가 지나고 갑사에서 만났던 청년들이 수락산으로 나를 찾아왔다.

"청년들이 이렇게 온 것을 보니 결과가 안 좋았나 보군."

"예. 선생님. 여러 번 시험에 떨어지고 나니 부모님 뵙기도 미안하고 친구들에게도 창피하여 마음이 괴롭습니다. 매번 똑같은 것을 보고 또 보는데 이번 시험은 지난번보다 성적이 더 안 좋았습니다. 포기하려 했는데 스님께서 선생님을 찾아가 보라고 하셔서 왔습니다. 어떻게 하면 공부를 잘 해서 시험에 합격할 수 있을까요?"

"책보고 공부하는 시간을 반으로 줄여보세요."

"예? 공부하는 시간을 늘려도 안 되는데 반으로 줄이라고요?"

나는 호흡법과 같은 공부 방법과 그 중요성에 대해 알려주었다. 한 청년이 말했다.

"책보고 공부하는 시간을 반으로 줄여서 공부가 더 잘되고 시험에 합격이 된다면 얼마나 좋겠습니까? 그런데 선생님 말씀을 믿기가 어렵고 이해가 안 됩니다."

"나는 예전부터 청년들과 같은 처지에 있는 사람들에게 지금과 같은 말을 많이 해 주었습니다. 내 말을 믿고 내 말대로 한 사람들은 모두 성적도 올라오고 합격했습니다. 자, 이제 결심은 청년들 몫입니다. 알아서 하세요."

다음 해 3명의 청년은 모두 합격했다며 감사의 인사를 전해왔다.

청년들이 어떻게 합격했을까? 건축물도 설계대로 지어지고 인간의 두뇌도 설계대로 입력, 저장된다. 설계 없이 집을 지으면 쓰기 편하고 살기 좋은 집을 지을 수 없다. 인간의 두뇌도 설계 없이 눈으로 보고 귀로 듣는 대로 마구잡이로 넣으면 두뇌 속은 쓰레기통과 같이 된다. 쓰레기통 속에 넣은 것을 다시 찾으려면 시간이 오래 걸리고 찾기도 어렵다. 그래서 두뇌 속에 넣는 것도 설계대로 넣어야 순서와 질서대로 저장되어 살아가면서 필요할 때 쉽게 찾아 쓸 수 있다.

대학을 비롯하여 사법, 행정, 공무원, 각종 기술 시험은 배운 것을 기억하게 하여 테스트하는 것이다. 배웠으면 그 분야에서 모두 일할 수 있어야 하는데 이 사회가 경쟁 사회이다 보니 테스트를 해서 순서대로 뽑아 쓰게 된다. 그 때문에 수많은 젊은이들은 높은 점수를 받기 위해서 몇 번씩 배우고 보고 또 보면서 시험 준비를 한다.

그런데 똑같은 것을 계속해서 배우고 보고 또 보면 시간이 지날수록 두뇌가 맑아지는 것이 아니라 어두워진다. 너무 많은 데이터가 마구잡이로 저장되어 있으면 컴퓨터도 작동이 잘되지 않고 혼동을 일으킨다. 쓸데없는 것을 지우고 정리를 해 주어야 하듯이 두뇌도 먼저 세탁을 해 주어야 한다. 그리고 찾아 쓰기 쉽도록 순서대로 정리하면 된다.

쓰레기통과 같이 복잡한 두뇌를 세탁하고 정리하는 데에는 수행이 최고이다. 지천기 수행으로 하늘같이 높게만 보이던 시험에 합격한 사례들이 많다. 전교에서 꼴찌 하는 학생도 두뇌를 깨끗하게 청소해 주면 개인 지도나 학원 공부 없이 상위 수준으로 성적이 올라오고 원하는 대학에 갈 수 있다.

사람의 두뇌는 책을 보고 공부한 것만 저장하는 것이 아니다. 태어나면서부터 눈으로 보고 귀로 들은 모든 것을 저장하기 때문에 시간이 지나면서 두뇌가 맑아지고 좋아지는 사람은 없다. 맑아지는 노력을 해야만 맑아질 수 있다.

두뇌가 맑아야 상상력과 창의력이 뛰어나게 되고 영감이 발달하여 앞일을 알 수 있다. 앞일을 알면 가난하게 살지 않고 병으로 아프지 않게 된다. 사고가 날 장소에 가지 않고 사고가 날 자동차, 비행기, 배를 타지 않고 불행하게 되지 않는다. 불 속으로 뛰어들어가면 죽는다는 것을 아는데 불 속으로 뛰어들어갈 사람이 누가 있을까?

호흡법처럼 공부하기

　김지천은 유명 신문사에 20년간 근무한 A급 정치부 기자이다. 정부 주요부서만 드나들고 기사를 써서 장관 두 명을 물러나게 만들 만큼 파워도 있었다. 그런 그가 공부를 못하는 자식 문제로 나를 찾아왔다.

　"내 자식이 군대를 다녀와 세 번 대학에 떨어졌는데 공부할 생각은 하지 않고 매일 술 먹고 친구들하고 놀러 다니며 싸움만 합니다. 자식 놈 때문에 경찰서에 몇 번이나 가서 창피를 당했습니다. 지방 전문대도 못갈 실력인데 이런 제 아들도 대학에 갈 수 있습니까? 선생님은 전국에서 꼴찌 하는 학생도 유명대학에 보냈다고 들었는데 무슨 비법이라도 있습니까?"

내가 부인과 아들을 데려오라고 하여 며칠 후 부인과 아들이 왔다. 부인은 내 집에 들어오면서부터 표정이 밝지 않았다. 허름한 내 집 주변을 살피면서 찡그리는 것이 매우 실망한 듯했다. 앉지도 않고 선 채로 왜 오라고 했느냐며 따지듯 물었다.

"신문, 잡지에 나고 누구나 다 아는 이름난 곳도 내 아들을 대학에 붙게 하지 못했는데 여기는 보아하니 간판도 없고 선생님 이름도 들어보지 못했습니다. 그런 선생님이 다른 데서 안 되는 것을 해결할 능력이 있습니까? 사기 치는 것 아닙니까? 내 남편이 누군지 아세요? 내 친정아버지는 국회의원입니다. 사람 봐 가면서 말해야지요. 우리 아이는 최고로 좋은 과외, 명문학원 다 다녀보고, 저는 부적 쓰고 정성 들이고 해보라는 기도는 다 해봤습니다."

부인은 아들을 대학에 보내기 위해 절, 교회, 유명한 철학관, 신풀이로 본다는 무당집 등 유명하다고 하는 곳은 안 다닌 곳이 없다고 했다. 많은 돈을 들이고 세상에서 할 것은 다 해봤는데 합격은커녕 해마다 성적은 더 떨어지고 아들의 성격은 더 나빠지니 부인의 불신은 말할 수 없이 깊었다.

내가 하는 말은 세상 어디에서나 들을 수 있는 말이 아니고 새로운 것이다. 서로 믿는 마음으로 이해하려고 노력해도 하기 어려운 일인데 불신이 앞선다면 그 무엇도 이루어낼 수 없다. 인간 사회를 파괴하는 가장 무서운 것이 있다면 서로에 대한 불신이다. 불신은 생화학무기보다도 핵무기보다도 더 무섭고 위협적이다. 못 믿겠다고 하는 것은 상대의 속마음이 안 보이고 현재와 미래가 안 보이기 때문이다. 내가 부인에게 말했다.

"대학에 합격한 다음에 돈을 주는 것으로 하면 될 텐데 왜 돈부터 갖다 주셨습니까? 자신의 무지로 인해 속고 이용당한 것을 왜 여기 와서 털어놓고 거북한 말을 합니까? 나와는 인연이 없는 것 같으니 그만 돌아가세요."

김지천은 당황해 하며 말했다.

"선생님 말씀을 믿고 따라 해보겠습니다. 우리 아이를 지방대학이라도 좋으니 대학만 가게 해 주십시오. 돈은 얼마나 내야 하나요?"

"여기는 합격이 안 되면 10원도 안 받고 합격한 후 성공사례금만 받습니다. 입시가 4개월 남았는데 여기서 가르쳐주는 대로 하시겠다면 아들을 강원도에 있는 내 집으로 보내세요."

"선생님 계시는 곳은 강원도 산속인데 그러면 학원은 어떻게 다닙니까?"

"학원에 다니면 시험에 떨어지고 좋은 대학에 못 갑니다. 삼수하면서 학원에서 배운 것만도 넘쳐나니 더 배울 것이 없고 책을 보더라도 머릿속에 들어가지 않을 것입니다. 대학에 보내고 싶으면 여기서 하는 말을 따라 주십시오."

4개월 동안 청년은 나와 함께 있으면서 책 보고 공부하지 않았다. 하루 한 번씩 지천기 수행만 했다. 그 외에는 청년이 하고 싶은 대로 먹고 잠자고 놀았다. 그렇게 한 결과 청년은 서울에 있는 명문대에 장학생으로 합격했다. 시험을 보고 온 청년도 부모도 모두 기적이라며 좋아했다.

청년이 예전처럼 학원에 다니며 공부했다면 대학에 가지 못했을 것이다. 공부해도 계속 시험에 떨어지는 것은 두뇌 속에 입력된 것이 기억나지 않아 제대로 사용하지 못하기 때문이다. 따라서 기억이 잘 나서 사용할 수 있도록 두뇌세탁을 해 주면 된다.

몸이 더러워지면 씻어야 한다. 옷도, 차도, 집도 더러워지면 세탁하고 청소를 한다. 인간의 위장, 소장, 대장도 청소를 한다. 그런데 왜 인간의 두뇌는 세탁하지 않고 어둡고 잡다한 생각과 탐욕을 가득 채우기만 하면서 살아갈까? 두뇌만 세탁해주어도 한 치 앞에 닥칠 앞일을 몰라서 사고와 불행한 일을 당하지는 않는다. 두뇌세탁을 모르기 때문에 부모들은 과외, 학원비 등으로 돈 낭비를 하고 학생들은 시간 낭비를 하면서 사는 것이다.

배워서 무지해진다고 생각하는 사람은 없다. 배움이 인간을 교만하게 만들고 그 교만과 자만이 인간을 무지에서 깨어나지 못하게 만든다는 역설적인 사실을 받아들이는 사람은 거의 없다.

그러나 현재의 교육은 배우는 순서와 방향이 잘못되었기 때문에 배우고 노력하는 것이 오히려 인간을 불행으로 몰아넣고 스스로 죽음의 길을 찾아 들어가게 만드는 역할을 하고 있다. 배우는 것이 오히려 두뇌를 어둡게 만들어 눈으로 보고도 선과 악을 구별하지 못하고 배운 사람, 높은 자리에 있는 사람이 부정부패, 돈 자랑, 힘자랑을 더 많이 하고 있다. 땅을 파는 농부는 은행 돈, 나랏돈을 도둑질하지 않는다.

호흡법처럼 배우고 공부해야 한다. 너무 많이 배우기만 하면 영감, 예감, 직감력이 없는 멍청이가 된다. 지식인은 한 치 앞에 닥칠 일을 모르지만 지혜인은 한 치 앞에 닥칠 일, 미래일을 안다.

20년 전만해도 사람들은 자기 손 안에서 휴대폰 세상이 펼쳐질 줄은 상상도 못했다. 세상은 인간의 상상을 초월하여 점점 더 빠르게 변화하고 있다. 앞으로는 기계와 로봇이 인간이 할 일을 모두 대신하게 된다. 지금도 아기에게 우유를 먹이고 기저귀를 갈아주고 음식을 만들어 오토바이를 타고 배달하는 로봇이 있다. 무인으로 달리는 차가 있고 진찰은 기계가, 수술은 로봇이 하고 있다. 그렇지만 사람들은 운전할 때 내비게이션 없이 길을 찾지 못하고 전화번호를 기억하지 못해 휴대폰 없이 연락도 하지 못한다.

정치인, 기업인들은 일자리를 만들어내겠다고 공약하지만, 점점 더 기계화, 자동화가 되고 있다. 앞으로 인간보다 더 똑똑한 로봇이 나오게 되면 인간은 어떻게 될까? 지금부터라도 영감, 예감, 직감이 발달하고 상상력과 창의력이 뛰어난 지혜인을 길러내는 교육을 하지 않으면 인간이 기계와 로봇의 노예가 되어 살거나 살아남지 못하게 된다.

윗물이 맑으면 아랫물이 더러워질 수 없다

세상 사람들은 순리와 수행을 모르기 때문에 어려움과 고통을 서로 주고받으며 살고 있다. 순리대로 사는 사람은 한 치 앞에 닥칠 사고와 불행을 미리 알고 대비한다. 약 먹고 병원에 가는 일이 없고 병으로 죽지 않는다. 가난하게 살지 않고 남에게 욕먹거나 속고 이용당하지 않는다. 순리대로 살고 순리대로 교육하면 부모·자식 간에도 돈과 힘으로 통하지 않고 따뜻한 은혜와 사랑으로 통하게 된다.

나에게 상담받은 사람 중에 친자식들에게 이끌려 강제로 병원에 입원 되어 병원에서 생을 마감한 사람이 있다. 사업가인 김대수는 돈을 많이 벌고 오래 살고 싶은 것이 소원이었다. 나는 김대수에게 다음과 같이 말해주었다.

"장수하고 싶으면 돈을 갖지 말고 가난하게 사세요. 돈도 많이 갖고 장수도 하고 싶으면 자녀들을 바르게 가르쳐야 합니다."

"부모가 밥 먹여주고 학교 보내주면 되었지 특별히 자식들을 바르게 가르칠 것이 무엇이 있습니까?"

"당신은 돈을 많이 가지면 가까운 사람으로부터 고통받다가 죽게 될 것입니다."

김대수는 내 말을 듣고 웃다가 돌아갔다.

그 후 많은 세월이 흘러 김대수는 500억대 부자가 되었다. 김대수는 평생 돈을 버는 일에만 몰두하고 자식의 바른 교육은 외면했다. 4명의 자식은 마치 야생말처럼 성장하여 문제가 많았다. 부자 아버지를 둔 자식들은 향락과 쾌락을 좇고 김대수는 70이 넘도록 돈의 노예가 되어 살았다. 자식들에게 재산을 주지 않고 자신을 위해 쓰는 것도 아까워했다. 부인은 오래전에 먼저 저세상으로 갔다.

내가 수행하고 산에서 나오면 김대수가 나를 찾아와 사업에 관해 묻곤 했던 것을 아는 자식들은 나를 찾아와 아버지 재산을 자신들에게 나눠주도록 해달라고 부탁했다. 나는 김대수에게 재산 일부를 자식들에게 미리 상속해 주는 것이 장수하는 길이라고 말해주었으나 김대수는 내 말을 듣지 않았다.

그러던 어느 날 자식들이 김대수 집에 몰려와 요즘 유행하는 병이 많고 아버지 나이도 70이 넘었으니 종합검진을 받아보자고 하여 김대수를 병원에 입원시켰다. 피를 뽑고 각종 기계검사와 피검사를 여러 차례 했다. 그러는 동안 김대수는 굶거나 겨우 흰죽만 먹을 수 있었다. 김대수는 병원을 나오고 싶어도 24시간 자식들이 돌아가면서 병실을 지키고 있었기 때문에 나올 수 없었다. 외부로 연락을 하려 해도 휴대폰을 빼앗겼기 때문에 연락할 길이 없었다. 사람들이 병문안을 가도 자식들 허락 없이는 만날 수 없었다. 이렇게 두 달이 넘도록 생활한 결과 김대수는 마침내 걷지도 못하는 진짜 병자가 되어 죽었다.

김대수는 장수하는 길을 선택하지 않고 단명하는 길을 선택했다. 김대수가 죽은 원인은 첫째, 자식들을 바르게 교육하지 않았기 때문이고 둘째, 돈이 많아서이고 셋째, 앞일을 몰라서이다. 가장 가까운 사람, 즉 자식들에 의해 죽을 것을 몰랐다.

세상에는 가장 가까운 사람들로 인해 불행하게 되고 희생되는 일이 많이 있다. 형이 부모 재산에 욕심이 생겨 대학에 강의하러 나가는 동생을 아파트 현관 앞에서 잡아다 정신병원 독방에 가두고 정신병자로 만든 일도 있다. 친아버지가 면회를 하려 해도 첫째 자식이 보호자로 되어 있었기 때문에 그의 허락이 없으면 누구도 만나지 못했다. 병원 측은 보호자의 허락이 있어야 한다는 말만 되풀이했고, 친아버지도 경찰도 변호사도 면회를 거절당했다.

병원이 병을 고쳐주기도 하지만 각자의 이득과 욕심을 채우기 위해 병 없는 사람을 병자로 만드는 곳으로 이용되기도 한다. 멀쩡한 사람도 정신병원 독방에 갇혀 정신병자로 탈바꿈되거나 진짜 병자가 되는 일은 그 누구도 예외가 될 수 없다. 이보다 더 끔찍한 일을 당하기도 한다. 누구나 앞일을 모르면 당하게 된다.

부모·자식 간, 형제간에도 돈과 힘으로 통하는 세상이 되고, 지금 이 시각에도 어딘가에서 속고 속이는 일이 지속되는 것은 물이 아래로 흐르는 것과 같이 순리대로 살지 않고 바르게 교육하지 않기 때문이다. 가장 먼저 낳아주고 키워주시는 부모님의 고마움을 알고, 가르쳐주시는 선생님의 은혜를 알아야 바른 교육, 순리 교육이 된다. 부모님과 선생님은 하늘과 같은 존재이기 때문에 절대 순종하면서 배워야 한다. 고마움과 은혜를 모르면 지혜롭게 성장할 수 없다.

순리대로 살고 순리대로 교육하면 누구나 상상력과 창의력이 뛰어난 지혜인이 되어 아침에 일어나 저녁이 되기까지 그날의 일을 알게 되고 가정과 국가의 미래를 생각하는 사람이 된다. 하지만 순리대로 배우고 교육하지 않으면 한 치 앞에 닥칠 사고와 죽음을 모르고 계속해서 남에게 속고 이용당하며 살아야 한다. 이런 사람이 부모와 선조 조상님, 국가의 고마움을 알 리 없고 가정과 국가의 미래를 생각할 리 없다.

앞일을 모르고 남에게 속고 이용당하는 것은 미덕이 아니라 어리석은 것이다. 돼지에게 아무리 세상의 진실을 말해도 돼지는 알아듣지 못한다. 돼지에게 진리와 진실은 필요 없다. 돼지는 먹을 것을 더 좋아하듯이 어리석은 사람은 달달한 말을 더 좋아한다.

물고기는 바다에서 살아야 한다.

사람이 순리대로 살지 않으면서

건강하고 잘 살기를 바라는 것은 고래와 상어가

산과 사막에서 잘 살기를 바라는 것과 같다.

가족이란 잠시 헤어졌다가 저세상에서 다시 만나

영원히 같이 사는 존재이다.

이 세상에서도 저세상에서도 어렵고 힘들 때

찾아와 도와주는 것은 가족뿐이다.

7
순리 순행 질서

먼저 간 가족과의 대화

　산 자와 죽은 자가 대화를 한다고 하면 모르는 사람들은 말도 안 된다고 생각하지만, 과학과 정신세계의 발전으로 그 일이 가능하다는 것이 확인되고 있다. 전파의 발견으로 통신 기술과 인간 생활이 혁신적으로 변화했듯이 먼저 간 가족과의 대화로 어두웠던 정신세계가 빛을 보고 유형과 무형의 경계가 없어지는 계기가 마련되고 있다. 수행으로 가능한 또 하나의 기적 같은 기쁨은 먼저 간 가족과 대화할 수 있다는 것이다.

　인간이 이 세상에 태어난 목적은 무엇일까? 대자연의 모든 것은 3단계를 거쳐 성장하고 완성한다. 모태 속 태아가 세상에 태어나 살다가 죽어서 저세상으로 가는 인간의 완성 과정도 3단계로 설명할 수 있다.

  모태 속 태아가 모태 밖 인간의 세상, 지구와 우주를 모르고 태어나듯이 인간도 저 세상, 무형의 인간들이 사는 세상을 모르고 죽는다. 모태 속에 쌍둥이가 있다고 가정해 보자. 쌍둥이 하나가 모태 밖으로 나가면 아직 이 세상을 모르는 모태 속에 있는 다른 쌍둥이는 자신의 형제가 죽었다고 울 것이다. 그러나 모태 밖 세상에서는 인간들이 자식이 태어났다고 기뻐한다. 이렇듯 인간이 세상에 살다가 죽으면 이 세상에 남아있는 가족과 친척들은 죽었다고 울고 저세상에서 무형의 인간들은 태어났다고 기뻐할 것이다.

  그렇다면 이 세상이 중요할까, 저 세상이 중요할까? 태아는 모태 속에서 10개월을 살고, 인간은 이 세상에서 100년 전후를 살고, 저 세상에서는 영원히 산다. 사람들은 모태 속 세상보다 인간 세상이 더 중요하다고 말할 것이다. 100년 사는 이 세상이 중요할까, 영원히 사는 무형의 세상이 중요할까? 둘 중 어느 것이 더 중요하다고 할 수 있을까?

  저 세상이 있는 줄 모르고 죽은 사람들은 아직 이 세상에 사는 가족과 후손들에게 저세상에 대해 알려주고 싶어 한다. 그러나 태아가 모태 밖 세상을 모르듯이 인간들은 다음 세상이 있다는 것을 눈으로 보고 확인하지 못했기 때문에 무형의 세상에 대한 확신이 없고 먼저 간 가족과 대화하고 싶은 마음도 없다. 사람들은 그저 이 세상에 국한된 좁은 생각으로 '죽은 자와 어떻게 대화를 할까? 죽은 것은 다 소멸하고 없는 것인데 ….'라고 쉽게 판단하고 있을 뿐이다. 먼저 간 가족들이 이 땅에 사는 후손들을 만나려 하는 이유는 오직 하나다. 죽는 것은 육신이 죽는 것이고 저세상에서는 마음과 정신이 영원히 살기 때문에 저세상에서 살 때를 위해 이 세상에 살면서 준비해야 할 것을 알려주기 위해서이다.

북극이나 남극에 가서 산다고 생각해 보자. 북극이나 남극에 가서 고생 없이 살려면 그곳에 사는 사람에게 물어보고 정보를 얻어 준비해 가는 것이 가장 안전하고 좋은 방법이다. 얼마나 추운지, 고생 없이 살려면 무엇이 필요한지 물어보고 가기 전에 준비해야 한다. 이 세상에서 저세상으로 가는 것도 마찬가지이다. 육신이 죽고 마음과 정신이 무형 세계로 갈 때 무엇을 준비해 가야 하는지는 무형 세계에 먼저 가 있는 가족에게 물어보고 이 세상에 사는 동안 준비를 해야 한다.

육신을 벗고 영혼으로 사는 저 세상의 영원한 삶과 비교하여 이 세상에서의 삶은 기나긴 세월 속에 날아가는 새가 나뭇가지에 잠시 스쳐 가는 것과 같이 짧은 순간이라고 한다. 이 세상에 사는 것이 이토록 짧은 순간인데도 사람들은 사는 것이 힘들어 빨리 죽고 싶다고 말한다. 심지어 자살하는 사람도 있다. 그런데 영원히 살아야 할 무형 세계에 대해 알지도 못하고 무엇을 준비해 가야 고통과 고생 없이 살 수 있는지도 모른 채, 무형 세계에 가서 어떻게 살 것인가?

해외여행을 가기 위해서도 몇 달 전부터 준비해야 한다. 집을 떠나 가까운 곳을 가려 해도 며칠 전부터 준비해야 한다. 그런데 마음과 정신이 죽지 않고 영원무궁토록 사는 곳으로 가는 준비를 하는 데는 얼마의 시간이 필요할까? 인생 100년은 저세상에 가서 고생하지 않고 살 준비를 하기에는 너무나 짧다.

누구나 죽음을 두려워한다. 그것은 무형 세계에 대해 모르기 때문이다. 그래서 먼저 간 가족과의 대화는 더 필요하다. 누구나 간절히 부르면 간절한 만큼 대화는 빨리 된다. 많은 사람의 무리 속에서 내가 부르면 대답하는 사람은 내 얼굴과 목소리를 아는 사람, 즉 가족일 것이다. 부모·형제, 가족들은 아무리 많은 사람이 모여 있어도 내 목소리를 알고 대답한다. 나를 모르는 사람이나 나와 상관없는 사람은 내가 부르면 시끄럽다고 타박만 하고 싫어한다. 그러나 나를 아는 부모와 가족들은 내가 부르면 언제라도 나를 찾아와 주고 대답해 줄 것이다.

　요즘은 부모와 자식 간, 형제간에도 돈과 힘으로 통한다고 하지만 그래도 믿을 사람은 이 세상에서도 저세상에서도 가족뿐이다. 먼저 간 가족과 대화하기 전에는 남의 말을 듣고 믿어야 할지 말아야 할지 고민과 섣부른 확신을 하지 말기를 바란다. '된다', '안 된다' 비판과 논쟁도 하지 말기를 바란다. 확인하지 않은 상태에서 말과 논쟁은 아무 의미가 없다.

　숨을 대신 쉬어줄 수 없는 것처럼 대화를 대신 해 줄 수 없다. 저세상에 대한 정보와 확인은 자신이 가장 잘 알고 믿을 수 있는 먼저 간 가족과 대화해서 아는 길 밖에는 도리가 없다.

　이 세상 사람 모두 무형 세계와의 대화가 없으므로 이 세상에 태어난 목적도 모르고 어떻게 살아야 하는지도 모른 채 하루하루 힘들게 살아가고 있다. 사람은 누구나 태어나면서부터 저세상을 향해 달려가고 있다. 시간이 지날수록 저세상에 갈 시간은 점점 빠르게 다가온다. 이 세상에 살 때 무엇을 위해 살아야 하고 다음 세상을 위해 무엇을 준비해야 하는지 먼저 간 가족과 대화를 해서 하루라도 빨리 알아야 한다. 먼저 간 가족과 대화를 하고 난 사람은 삶의 목적과 가치관이 달라진다.

해외여행을 떠나려고 준비하는 사람이 슬퍼서 우는 경우는 없다. 몸은 한국에 있지만, 마음은 벌써 비행기를 타고 날아가고 있다. 저세상에 가는 길도 해외여행을 가는 것과 다를 것이 없다. 먼저 간 가족들을 만날 생각을 하면 해외여행만큼이나 기쁘고 설렌다.

가족이란 잠시 헤어졌다가 다시 만나 영원히 같이 사는 존재이다. 그래서 인간에게 있어 가족보다 소중한 것이 없고, 사랑도 가족 사랑보다 더 큰 사랑은 없다. 가족은 살아서도 죽어서도 서로 보고 싶어 하고 서로 만나서 이야기 하고 싶어 한다. 서로 사랑하는 마음은 없어지지도 않고 줄어들지도 않는다. 가족한테는 이기고 지는 것이 없다. 가족은 하나이다. 이 세상에서도 저세상에서도 어렵고 힘들 때 찾아와서 도와주는 것은 가족뿐이다. 세상에서 제일 행복한 것은 가족이 있는 것이고 제일 불행한 것은 가족이 없는 것이다.

아무도 모르게 주고 떠나라

서울 강남에 사는 60대 이현오라는 남자가 종로에서 한의원 하는 친구의 소개로 나를 찾아왔다. 이 남자는 자신의 진짜 성을 모르고 평생을 살았다고 했다. 그래서 자신의 아버지가 어디에 살고 있는지, 자신의 진짜 성은 무엇인지 알 수 있는 길이 있는지 물었다.

"제가 어릴 적 수원 팔달산에서 아버지, 어머니, 7살 차이가 나는 여동생과 함께 살고 있는데, 어느 날 군인 한 사람이 어머니를 찾아왔습니다. 그 사람은 어머니와 말다툼을 한 후 저의 손을 잡고 자신이 저의 친아버지라고 하면서 가자고 했습니다. 그러나 어머니가 저에게 "너, 엄마 다시 안 보고 살 수 있어? 다시는 엄마 생각 안 하고 살 수 있어?" 하시며 우시는 것을 보고 저는 "난 엄마랑 같이 살래. 엄마 안 보고 못 살아. 난 엄마가 좋아." 하면서 군인의 손을 뿌리쳤습니다. 군인 아버지는 "앞으로 나를 볼 수 없을 거다. 엄마랑 잘 살아라." 하는 말을 남기고 가면서 몇 번이나 저를 돌아보았습니다. 엄마는 군인 아버지가 가고 난 다음 저를 붙들고 많이 우셨습니다. 그리고 절대로 아버지를 찾지 않겠다고 약속하라며 다그치셨습니다. 저는 어린 나이지만 어머니와 굳게 약속했기 때문에 어머니가 돌아가실 때까지 단 한 번도 친아버지 얘기를 꺼내지 않았고 묻지도 못했습니다. 그래도 전 어머니와 같이 있는 것이 행복했습니다."

어머니 이야기를 하는 이현오의 눈에 눈물이 그렁그렁 맺혔다.

"6.25 전쟁 때 경북 문경 깊은 산속으로 피난 가서 저를 키워준 아버지는 탄광에 다니고 어머니와 저는 화전 밭을 만들어 농사지으며 살았습니다. 어느 날 어머니가 일하시다가 몸이 아프다고 방으로 들어가신 지 몇 시간 만에 돌아가시고, 어머니가 돌아가신 지 6개월 만에 아버지도 중풍으로 쓰러져 돌아가셨습니다. 집 뒷산에 두 분을 제 손으로 묻었습니다. 그때 제 나이가 14살이었습니다. 산속 외딴 집에서 살았기에 어머니, 아버지가 돌아가셨을 때 동네 사람들은 알지도 못했습니다. 저는 화전 밭과 집을 버리고 동생과 함께 서울로 와서 동생은 남의 집에 아기 봐주는 곳으로 가고 저는 봉천동 산꼭

대기 움막집에서 살면서 자동차 고치는 곳에서 일했습니다. 그곳에서 차장 하는 여자를 만나 결혼해 5명의 자식을 낳았고 카센터를 내어 돈을 많이 벌었습니다. 잠실대교가 생길 때쯤 석촌 호수 부근 모래벌판 땅 1,500평을 샀습니다. 지금이야 땅값이 비싸지만, 그때는 아무짝에도 쓸모없는 땅이었습니다. 5명의 자식이 모두 좋은 대학을 나와 2명은 법관이 되고 2명은 학교 선생님이 되고 1명은 큰 회사에 다닙니다. 아내가 병으로 죽고 혼자 살고 있는데 늘 마음 한 편에 걸리는 것이 있습니다."

"예, 그것이 무엇입니까?"

"나의 친아버지는 누구인지, 내 성은 무엇인지 그것이 알고 싶습니다. 자식들이 할아버지, 할머니 고향은 어디이며 일가친척은 어디에 있느냐, 산소는 어디에 있느냐고 물으면 대답하기 힘들고 가슴이 아픕니다. 문경 화전 밭을 떠나온 지 20년이 될 무렵 다시 찾아 가 보니 탄광으로 산이 파헤쳐지고 나무가 무성해 어머니, 아버지 묘를 찾을 수가 없었습니다. 어머니와 저를 키워준 아버지는 혼인신고도 안 하고 사셨고, 두 분의 고향이 어디인지 친척들이 어디에 있는지 알 수도 없습니다. 지금의 이씨 성은 어머니, 아버지가 돌아가신 후 동네 사람들의 도움을 받아 가짜로 만들어 두 분 혼인신고하고 저와

동생의 출생신고도 했기 때문에 가짜 성이라는 것을 알고 있습니다. 그런데 이러한 사실을 자식들은 모릅니다. 돈 벌고 자식들 키우느라 어머니 산소도 잊어버리고 나의 진짜 성이 무엇인지도 모르고 산다는 것이 너무나 부끄러워 견딜 수가 없습니다. 매월 몇억씩 임대료가 나오니 남들은 저에게 돈 많아 행복할 거라고 하지만 그것은 저의 속사정을 모르고 하는 소리입니다. 저의 아버지 고향과 저의 진짜 성을 알 수 있을까요? 선생님은 세상 사람들이 불가능하다고 하는 일만 찾아 풀어주신다고 들었습니다."

"손님의 성을 아는 사람은 돌아가신 어머니뿐이니 돌아가신 어머니와 대화를 해 봐야 알 수 있지요."

"수십 년 전에 돌아가신 분인데 어떻게 대화를 합니까?"

나는 수행법을 알려주었고 이현오는 돌아가신 어머니와 대화를 했다며 몇 달 만에 다시 찾아왔다.

"어머니와 대화를 하여 궁금한 점을 모두 알게 되었습니다. 어머니는 먹을 것만 조금 남겨 놓고 어려운 사람들을 찾아 사람들 모르게 조용히 재산을 나누어 주라고 하셨습니다. 그리고 법관 2명의 자식을 데리고 시골 산속에 들어가 농사짓고 수행하며 살라고 하셨습니다. 그런데 2명의 자식이 말을 듣지 않고 저를 이상한 사람으로 보네요. 어머니 말씀이 법관 일을 하면 피해자와 가해자 양쪽 모두를 좋게 해줄 수 없고 본의 아니게 원성을 듣게 되니 모든 사람이 좋아하고 모든 사람을 편안하게 해 주는 일을 하라고 하십니다."

그 후 이현오는 어머니 말씀에 따라 재산을 어려운 사람들에게 나누어 주고 시골로 내려갔다고 전해 왔다.

이현오는 부모 산소에 가지 못하고 부모 산소도 잊을 만큼 고생하며 돈을 벌었다. 그런데 돌아가신 어머니와 대화를 하고 난 후 어렵게 번 많은 재산을 힘들게 사는 노약자들을 찾아 나누어 주었던 이유는 무엇일까? 돈 때문에 싸우고 돈 때문에 감옥에 가는 사람들이 많은 세상에서 몇백억 재산을 소리소문없이 어려운 사람들을 찾아 나누어 주는 행동에 대해 세상 사람들은 어떻게 생각할까?

사람들은 자신이 먹고 쓰는 돈도 아까워하고, 사소한 일에 목숨 걸고 싸우고, 고개 숙이고 지는 것을 수치로 생각하면서 살아간다. 그랬던 사람들이 돌아가신 부모와 대화하고 나면 목숨같이 소중히 여기고 아끼던 재산을 가난하고 어려운 사람들에게 나누어주고 편하고 좋은 권좌에서 내려와 병들고 가난한 사람들을 돕는 힘든 일을 한다. 욕먹고 비웃음을 당해도 침묵하고 고개 숙이며 살아간다. 종교인이라면 신앙과 믿음 때문에 선교를 위해서 한다고 볼 수도 있으나 종교인도 아닌 사람들이 많은 재산을 버리고 참고 양보하고 고생길을 스스로 선택하는 것을 보면 돌아가신 부모와 대화를 하지 못한 사람들은 왜 저렇게 할까 이상하게 생각한다.

요즘은 방송국, 신문사에 10억만 갖다 주면 전 국민이 다 알게 방송을 해 준다. 그런데 무엇 때문에 소리소문없이 조용하게 전 재산을 나누어줄까? 어떻게 욕먹고 비웃음을 당해도 침묵하고 고개 숙이며 참을 수 있을까? 그 사람들을 그렇게 하게 만든 원인과 힘은 무엇일까? 돌아가신 부모와 대화가 없는 사람들은 궁금하기만 하다.

먼저 간 가족과 대화가 없는 사람들은 의아하게 생각하겠지만 대화를 한 사람들은 몇백억 재산보다도, 자신의 명예와 권좌보다도 더 크고 귀한 것을 보고 확인했기 때문에 가벼운 마음으로 권좌에서 내려와 전 재산을 조용히 나누어 주며 어려운 사람들을 돕는 일을 할 수 있다고 생각한다.

'남을 돕는 일을 도둑과 같이하라', '오른손이 하는 일을 왼손이 모르게 하라'는 말이 있다. 이 말뜻은 어려운 사람들을 도와주는 일, 남을 돕는 일을 말하면 자신한테 득이 되지 않고 도리어 해가 된다는 뜻이다. '자랑하지 말고, 혼자만 알고, 어려운 사람을 직접 찾아서 나누어 주라.'는 이현오의 돌아가신 어머님이 하신 말씀에서 다시 그 뜻을 확인할 수 있다.

　인생이란 흘러가는 물과 같고 스쳐 가는 바람과 같다. 한번 흘러간 물, 스쳐 지나간 바람이 다시 돌아올 수 없듯이 인간이 한번 죽으면 영영 이 땅에 그 모습 그대로 태어날 수 없다. 전 재산을 소리 없이 나누어 주고 남을 돕는 이들의 속마음을 볼 수 있다면 얼마나 좋을까? 사소한 일에도 혈기 내어 싸우고 눈을 뜨고도 두 눈 없는 사람처럼 사는 사람에게 맑은 물속에서 노는 물고기를 보듯 오늘일, 내일일, 미래 일을 보고 알 수 있게 하는 길이 수행이다.

미래 세계 종주국 대한민국

이 세상 사람 모두 빈손으로 세상에 태어나는 줄도 모르고 태어나 길어야 100세를 살고 언제 죽을지, 죽은 다음 어디로 가고 어떻게 되는지 모르는 채 빈손으로 생을 마감한다. 그런 인간의 삶은 기나긴 역사에서 순간에 불과하다. 그런데 왜 사람들은 서로 위하며 사랑하지 못하고 서로 의심, 불신하고 경계하면서 살고 있을까?

사람들은 입으로는 사랑과 자유와 평화를 부르짖고 인권과 평등을 말하면서 끝없이 신형 무기를 만들어내고 있다. 좋게 말하면 적으로부터 국민과 국가를 지키기 위함이라고 하지만, 무기는 동물을 잡기 위한 것이 아니다. 나와 뜻이 다르면 적이고, 그 적이 쳐들어오거나 말을 안 들을 때 쓰는 무기는 표적이 사람이다. 동물을 잡으러 탱크 몰고 간다는 소리는 지금까지 못 들어봤다.

우리나라는 세계에서 유일하게 남의 나라를 먼저 쳐들어간 일이 없다. 그러나 역사를 보면 931번의 침략을 당하고 참혹한 전쟁을 겪었다. 하늘은 복을 주기 전에 어려움과 시련을 먼저 준다는 말이 있다. 인구는 적지만 세계를 휘어잡고 호령하는 나라가 이스라엘이다. 미국을 움직이고 세계 경제를 움직이는 이스라엘이 긴 역사 속에서 얼마나 많은 어려움을 당하고 고생한 나라인가? 그런 어려움을 먼저 받았기 때문에 오늘날 이스라엘이 힘 있는 나라, 큰소리치는 나라가 된 것이다. 이스라엘은 세계에서 단결이 가장 잘 되는 민족으로 알려져 있다.

우리나라가 외세로부터 침략당한 수는 헤아릴 수 없이 많아 우리나라와 같은 예를 세계에서 찾아볼 수 없다고 한다. 그런데 바로 그런 이유로 대한민국이 앞으로 세계를 이끌고 다스리게 된다. 대한민국이 앞으로 세계를 선도하는 종주국이 되는 것은 인간이 원해서 그렇게 되는 것이 아니고, 대자연의 순리이며 하늘의 순리이기 때문에 자연히 그렇게 되는 것이다. 그래서인지 대한민국 상징인 태극기에는 하늘과 땅, 우주의 음양오행이 다 들어있다.

인간의 지식과 상식으로 생각하면 다른 강대국들에 비해 지하자원도 없고 국토도 작고 국민의 숫자도 적은데 어떻게 대한민국이 미래 세계 종주국이 된다는 것인지 쉽게 이해하기 어렵다. 그러나 대한민국은 세계인들이 도저히 따라올 수 없고 빼앗아 갈 수 없는 것을 가지고 있다. 그것은 첫째, 국민이 나라를 사랑하는 정신이고, 둘째는 국토 명산이다.

일본이 이 땅에 들어와 긴 세월 동안 우리 민족을 자신들의 노예로 만들고 잔인무도하게 학살했지만, 나라를 사랑하고 지켜야 한다는 우리 민족의 마음을 빼앗아 갈 수는 없었다. 우리 민족은 열악한 조건 속에서 모진 고문과 희생을 당하면서도 해방을 이루고 주권을 되찾았다. 우리는 과거에 당했던 억울한 희생의 아픔만을 생각하고 옛날에 사로잡혀 있어선 안 된다. 이제 세계를 지배하고 이끌 준비를 하는 성숙한 국가와 국민이 되어야 한다.

미래 세계에서는 힘과 무기, 그리고 단순히 머리 숫자가 많은 것은 아무런 의미가 없다. 앞으로 세상은 두뇌 싸움이다. 따라서 우리는 두뇌 개발을 해야 한다. 두뇌 개발의 방법은 보이는 것, 인간에게서는 찾을 것이 없다. 두뇌 개발을 위한 방법은 눈에 보이지 않는 무형 세계로부터 찾아와야 한다. 그 개발 방법이 세계 속에서 유일하게 우리나라에서 시작되고 있다. 전국 곳곳 명산의 생기와 수행법으로 맑고 깨끗한 두뇌개발이 가능하다. 둔재도 영재·천재가 되고 창의력과 지혜가 뛰어난 인재개발이 가능하다. 그래서 세계인들은 상상도 못 한 것을 우리 국가와 국민이 앞으로 하게 된다.

세계에서 대한민국같이 빠르게 발전하고 성장한 나라는 없다. 우리 국민이 지금부터 해야 할 일은 세계인들로부터 대한민국이 세계를 이끌어 나갈 만한 나라라는 것을 인정받을 수 있도록 존경받는 국민이 되어야 한다는 것이다. 외세의 수백 차례 침략에도 굴하지 않고 목숨으로 이 나라를 지킨 선조 조상님들을 생각해서라도, 또 미래에 살아갈 자식과 후손들을 위해서라도 나만 잘 살면 된다는 개인 이기주의는 버려야 한다. 개인 이기주의와 불신은 자유와 행복의 최대 적이다.

'태극기 휘날리며', '실미도', '국제시장'과 같은 영화를 재미로만 보아서는 안 된다. 극장에서 영화를 보는 중 참 재미있다고 여기저기서 키득키득 웃는 사람들이 있었다. 나는 그런 사람들에게 물어보고 싶었다. '저 영화 속에서 비참하게 죽어가는 인물들이 자신의 부모·형제라도 그렇게 좋다고 웃겠는가?' 그러나 차마 물어보지 못했다. 역사 드라마나 영화 속에 나오는 인물들은 모두 나와 피가 섞여 있는 형제, 친척, 가족들이다. 촌수가 멀어졌다고 해서 나와 관계없는 것으로 생각해서는 안 된다.

세상에는 부모가 어린 자식을 죽여 강물에 버리고 자식이 부모를 죽이고 버려두는 일들이 벌어지지만, 모두가 그렇다면 믿고 의지하는 '가족'이라는 이름도, 자식을 낳아 사랑과 희생으로 기르는 일도 없어지게 된다.

남이 고통받으며 죽어가는 것을 보고 좋아하고 돈과 힘을 우러러 보는 세상이 되었다고 하지만 너나없이 그렇게 살아서는 희망이 없다. 개인 이기주의와 불신은 소외와 분열, 폭력과 전쟁, 부정부패만 만들어낸다. 연령층과 관계없이 사회 문제가 되는 성폭력, 자살, 소외문제, 가정 해체는 모두 개인 이기주의에서 발생한 불행들이다. 세계 곳곳에서 끊이지 않는 인종 차별과 분쟁, 노약자들을 향한 탄압도 국가 이기주의에서 비롯된 것이다. 미래희망은 물질보다 정신이 앞서가는 성숙하고 따뜻한 사회가 되고 창의적인 두뇌를 가진 지혜인을 키워내는 데에 있다.

감사함을 모르면 불행하게 된다

　세계여행을 하다 보면 눈부시고 화려하게 발전된 나라도 있고 말로 표현할 수 없을 정도로 가난하게 사는 나라도 있다. 선진국 동물들도 안 먹는 것을 후진국 사람들이 먹고, 선진국 동물들이 사는 곳보다도 못한 곳에서 사는 후진국 사람들도 있다. 지금의 대한민국은 세계에서 가장 빠른 경제 발전을 이룬 나라로 세계의 부러움을 사고 있지만, 지금으로부터 불과 70여 년 전, 6·25전쟁의 비극과 보릿고개 시절은 지금 후진국의 모습과 별반 다르지 않았다. 후진국의 모습을 보면 부모 세대들의 지난 삶의 모습을 실감하게 된다.
　병들고 가난하면 남을 돕지 못하고 평생 남에게 신세를 지고 걱정거리가 되어 살아야 한다. 전쟁의 폐허 속을 헤쳐 나온 지금의 대한민국이 얼마나 살기 좋은 나라인지 세계 여러 나라를 여행해 보면 알게 된다. 사계절이 있고 깨끗한 산과 물이 있다. 따뜻한 정이 넘치는 마음과 곧은 정신문화가 있다. 머리 좋고 부지런한 국민이 있음을 알게 된다. 자연과 사람이 모두 갖추어진 곳은 세계에서도 많지 않다.

우리는 감사하며 살아야 한다. 아름다운 이 땅을 물려주신 선조 조상님에게 감사해야 하고, 이 땅에 태어나게 해준 부모님에게 감사해야 한다. 억압당하고 못 배운 설움과 가난에서 벗어나기 위해 자식들을 교육하고 밤낮을 부지런히 일하며 나라 경제를 일으킨 부모 세대에게 감사하며 살아야 한다. 감사를 모르면 가난하게 되고 가난은 불행을 만들어낸다.

눈부신 경제 발전을 이룩한 요즘, 사람들은 편리함만을 쫓으며 옛날 어려웠던 시절의 절박함과 고생을 모두 망각해 버렸다. 사람들은 입이 좋아하는 것을 먹으면 몸에 안 좋다는 것을 알면서도 입이 좋아하는 것만 골라 먹는다. 사람은 약속을 지키고 짐승은 약속을 안 지킨다는 것을 알면서도 사람들은 약속을 지키지 않는다. 부모가 남을 속이고 이용·사기하면 자식과 후손들이 목숨으로 그 빚을 갚아야 한다는 것을 알면서도 눈앞의 이득을 위해 분열을 조장하고 속이고 이용한다. 꽃밭에 앉으면 꽃향기에 기분이 좋아지고 하수구 뚜껑을 열어놓고 그 위에 앉으면 머리가 아프고 병이 된다는 것을 알면서도 사람들은 어두운 하수구를 찾아다니지 밝은 꽃밭에 앉기를 싫어한다. 몸이 좋아하는 쪽으로만 따라가면 정신은 흐려지고 어두워져 한 치 앞에 닥칠 사고와 죽음을 알 수 없다. 인간이 앞일을 아는 지혜를 얻지 못하면 똥 돼지 입장으로 떨어져 짐승보다 못한 삶을 살 수밖에 없다.

이 세상에 원래 존재하는 것들 중 인간이 만든 것은 하나도 없다. 태양, 물, 공기, 땅, 산, 나무, 전파, 지천기 등은 모두 대자연의 것이다. 인간은 세금도 안 내고 공짜로 얻어 쓰고 있을 뿐이다. 그러면서도 감사하는 마음 없이 마치 그것이 원래 인간의 것인 양 오만한 마음으로 낭비하고 환경을 오염시키며 살아가고 있다. 인간이 대자연을 무상으로 사용하는 대신 생명의 주인, 창조주 하나님에게 무엇을 바쳐야 할 것인가? 매일매일 생명에 대한 감사하는 마음으로 살아야 인간의 위치에서 살아갈 수 있다.

생명의 주인 앞에 감사하는 마음을 전하는 일은 따뜻하고 겸손한 마음, 지극정성으로 해야 한다. 수다스럽게 말 많은 세상에서 지극정성을 담은 '감사합니다.'라는 한마디는 가슴을 울리는 말이 된다.

이 말 속에 인간이 필요로 하는 내용이 다 들어있다. 자식이 부모를 찾아 많은 것을 요구하는 말보다 '부모님, 감사합니다.'라는 말 한마디가 부모로 하여금 자식 말을 귀담아듣고 기억하게 한다. 부모는 자식이 일일이 말하지 않아도 자식이 '지금 무엇이 필요해서 나를 찾는구나.' 하고 자식의 마음을 다 안다. 대자연, 신에게 드리는 마음 정성도 마찬가지이다.

감사하는 마음을 잊어버리는 순간 불행은 시작된다. 병드는 것, 망하는 것이 어느 날 갑자기 그렇게 되는 것이 아니다. 작은 쥐가 기둥을 갉아 먹어 결국 큰 성이 무너지듯 조금씩 조금씩 기울어져 병들고 망하게 되는 것이다. 영웅·황제처럼 살다가도 불행하게 되는 이유는 감사함을 감사함으로 간직하지 않기에 시간이 지나면서 지난 것에 대해 소홀히 하고 잊어버리기 때문이다.

사람 간의 관계가 다 좋을 수만은 없고, 다 나쁠 수만도 없다. 어떤 사람과의 관계에서 9개가 좋고 마지막 1개가 나빴다면 사람들은 보통 마지막 나쁜 1개로 좋은 9개를 모두 지워버리고 분노하고 배신한다. 그러나 그래서는 안 된다. 좋은 것은 좋은 것대로 나쁜 것은 나쁜 것대로 그대로 간직해야 한다. 감사한 것, 좋은 것을 나쁜 것으로 덮어 매도할 수 없고, 또 나쁜 것을 좋은 것으로 덮어 왜곡할 수 없다.

감사한 마음을 물질로 계산하려고 하는 사람도 있다. 그러나 고맙고 감사한 마음은 돈으로 환산할 수 없다. 고맙고 감사한 것은 오직 고맙고 감사한 마음으로만 갚을 수 있다. 받은 것을 잊지 않고 감사한 마음으로 갚아 나가는 사람은 결코 가난하고 불행하게 되지 않는다. 몸이 아프고 사는 것이 어렵고 힘들어도 잊지 말아야 할 것이 '감사합니다.'라는 말이다.

순행 질서 속의 인간

　모태, 이 세상, 무형 세계를 통해 완성해 가는 인간의 3단계 성장 과정은 자연의 순행과 같다. 인간과 식물이 다른 점이 있다면, 식물은 스스로 땅속에서 싹을 틔워 스스로 땅 위로 나와 스스로 성장하지만, 인간은 모태에서부터 보호를 받고 세상에 태어나 부모의 도움을 받아 성장하게 된다는 것이다. 인간은 부모의 도움 없이 스스로 성장할 수 없다. 동물도 인간과 같이 새끼를 낳아 보호하고 키우지만, 동물은 인간처럼 긴 세월이 필요하지는 않다. 인간은 낳아서 키우고 인간답게 성장시키려면 적어도 20년이란 세월 동안 보살피고 교육해야 한다.
　그런데 대자연의 질서를 보면 성장 과정에서 받은 것은 다시 받은 대로 돌려주어야 한다. 호흡呼吸과 같이 주고받는 것이 생명을 유지하는 대자연의 질서이고 이런 순행 질서에 따라 살아야 인간으로서 역할과 가치를 다 하며 사는 것이 된다.

부모는 눈에 보이는 하늘이라 했는데 요즘은 부모를 무거운 짐덩어리로 생각하고, 모시고 같이 살기 귀찮아 요양원에 보내고, 벌초하기 싫어서 묘를 파서 화장해 아무 곳에나 버리고, 제사도 안 지내는 사람들이 많다. 동물의 세계에서도 어미에게서 받은 것을 돌려주는 과정을 실행하는 동물들이 있다. 하물며 인간이 성장 과정에서 받은 것을 돌려주는 과정 없이 자신만을 위해 개인 이기주의로 살아서야 인간이라 할 수 있겠는가?

부모가 낳아주고 키워주고 가르쳐주신 것은 갚아야 할 빚이다. 빚을 갚지 않고 사는 것은 먹기만 하고 화장실에 가지 않는 것과 같다. 은행에서 돈을 빌려와도 이자가 있듯이 도움도 은혜도 받은 곳에 순서대로 이자까지 갚아야 한다.

빚을 지고 살면 잘 살지 못한다. 사람들은 자신이 아무 잘못 없이 억울하고 힘들게 살게 된 것을 원망하고 탓할 줄은 알아도 자신의 언행으로 인해 자식과 후손들이 억울하고 힘들게 살게 될 것은 생각하지 않는다. 그러나 부모가 개인 이기주의로 자신만을 위해 살면 그 빚과 언행은 다시 자식과 후손들에게 상속된다.

주변을 보면 조금의 노력으로도 쉽게 잘 되는 사람을 볼 수 있는데 이는 부모와 선대 조상님들이 성장 과정에서 받은 것을 갚고 좋은 일을 많이 저축했기 때문에 갚을 빚이 적어 자신에게 돌아오는 이득이 많은 것이고, 큰 노력을 해도 어렵고 불행하게 사는 사람은 순리대로 부모와 선대 조상님들의 빚이 먼저 갚아지게 되니 자신에게 돌아오는 이득이 없는 것이다.

흐르는 물이 웅덩이를 만나면 그 웅덩이를 다 메우고서야 낮은 곳으로 흘러가는 것과 같은 이치이다. 그래서 '부모가 덕을 쌓으면 자식이 복을 받고, 부모가 남을 이용·사기하면 자식은 목숨으로 그 빚을 갚아야 한다.'고 했다.

태아의 목숨이 엄마에게 달려있듯이 인간의 생명은 부모에게 달려있다. 세계적으로 무병장수하고 잘 사는 사람들은 돌아가신 부모의 위패를 자신들의 집에다 모시고 지속해서 갚는 생활을 실천하며 산다. 일본은 가정에 선조 조상님의 위패를 모시고 사는 사람들이 많다. 그러나 우리나라는 돌아가신 부모의 제사도 안 지내는 경우가 많고, 대부분이 화장해 유골을 곳곳에 뿌리거나 토끼장 같은 납골당에 모시고 소수의 사람만이 선산에 모시고 있다.

물고기는 바다에서 살아야 한다. 고래와 상어가 육지와 산에서는 살 수 없다. 인간이 갚을 것을 갚지 않고 순리대로 살지 않으면서 건강하고 잘 살기를 바라는 것은 고래와 상어가 물 없는 산과 사막에서 잘 살기를 바라는 것과 같다. 사람들은 행복하게 사는 길을 찾지 않고 인간이 가야할 길로 가지 않으면서 건강하고 행복하게 잘 살기를 바란다.

　개똥밭에서 잠자고 굴러도 육신 쓰고 사는 세상이 좋다는 말이 있다. 우리는 건강하고 오래오래 행복하게 사는 길로 가는 데에 시간을 투자해야 한다. 모태 속의 태아가 건강해야 건강한 아이가 태어나듯이 이 세상에서 병 없이 건강하고 행복하게 살아야 저 세상에서도 건강하고 행복하게 살 수 있다.

　자식이 부모를 생각하는 것은 순리다. 부모님의 은혜를 외면하고 다른 사람, 다른 것을 생각하는 것은 순리가 아니다. 가정 안에 나의 건강과 행복이 있다. 행복한 가정은 할아버지, 할머니의 기침 소리가 들리고, 젊은이들의 책 읽는 소리가 들리고, 가족들의 깔깔대는 웃음소리가 들리고, 아이들의 울음소리가 들리는 곳이다. 집에 울타리가 없으면 허전하고, 울타리가 있으면 아늑하고 든든하듯이 노부모라도 부모는 자식들 삶의 울타리가 된다. 세상에 지옥이 있다면 혼자서 고독하게 사는 것이고 천당은 모여서 정답게 사는 것이다. 행복은 상대로부터 오는 것이다. 기쁨과 즐거움도 상대로부터 온다.

   사회, 국가, 세계는 한 가정을 확대해 놓은 것이라고 할 수 있다. 자유, 행복, 세계평화는 작은 것에 대한 고마움을 알고 순리대로 사는 사람으로부터 시작된다. 세상은 더 흉악해지고 상상하기도 어려웠던 사고와 불행한 일들이 더 많이 일어나고 있다. 더 늦기 전에 우리는 순리로 돌아가야 한다. 순행질서대로 살면 삶 자체가 행복이 된다.

| 에필로그 |

　소는 독초를 가려 먹고 도살장 앞에서 자신이 죽을 곳을 알고 눈물을 흘린다. 돼지는 도살장 앞에서도 꿀꿀거리며 먹을 것을 찾는다. 같은 짐승이지만 죽을 자리를 아는 소와 모르는 돼지가 있다. 광부들은 광물을 캐러 깊은 땅속으로 들어갈 때 쥐를 가지고 들어간다. 쥐는 사고 날 것을 미리 알고 안전한 곳으로 피하기 때문이다. 광부들은 쥐의 움직임을 관찰하여 위험한 상황을 알고 대피한다고 한다.
　과학자들은 인간을 고등동물이라고 하고 사람들은 소나 돼지, 쥐를 동물이라고 내려다보지만 동물보다 못한 지능을 가진 사람들도 있다. 산에서 나는 독 나물과 독버섯을 모르고 먹고 죽는 일도 있고, 농약을 밀가루로 알고 부침개를 만들어 먹고 죽은 일도 있고, 제초

제를 술인 줄 알고 먹고 죽은 일도 있다. 사고가 날 것을 모르고 자동차, 배 , 비행기를 타고 가다 죽는 사람들도 있다. 천재지변이 일어날 것을 모르고 죽을 장소로 스스로 찾아 들어가 죽는 사람들도 있다. 10년 후 일본이 침략해올 것을 내다본 율곡 선생처럼 앞일을 아는 분도 있지만, 영웅·황제의 자리에 있었음에도 앞일을 모르고 치욕스러운 일을 당하고 죽은 왕도 있다.

지식인들은 눈으로 볼 수 없고 확인할 수 없는 것을 가지고 남을 속이고 이용하기도 한다. 죽은 사람을 오라 가라 하면서 죽은 사람의 한을 풀어주고, 죽은 사람을 좋은 곳에 보내준다는 거대한 의식을 하기도 하고, 기도 정성을 들여 주면 후손들에게 좋은 일이 있을 것이라는 말에 많은 돈을 들여 거대한 의식을 하는 사람들도 있다. 한 치 앞에 닥칠 사고와 죽음을 몰라 당하고, 숨 쉬고, TV를 보고, 휴대폰을 사용하면서 눈에 안 보이는 것은 없다고 불신하는 지식인들이 하는 일에는 참으로 모순이 많다.

잘 살펴보면 세상에서 '큰 사명'을 받았다고 하는 사람들의 공통점이 있다. 거의 모두가 가난하게 살고 병으로 아프다. 가족들이 순서가 뒤바뀌어 저세상으로 간 경우가 많다. 남의 노력과 돈을 빼앗고 세뇌시켜 자신을 위해 희생하며 살게 만든다. 일반 사람들이 눈으로 볼 수 없고 확인할 수 없다는 것을 잘 알기에 자신은 해결할 능력이 있다고 말하지만 그들도 아침에 일어나서 저녁이 되기까지 그 날 되어질 일조차 모르는 것은 마찬가지이다.

지금까지 지식인들은 공기, 전파의 색깔을 보지 못하고 마주 앉아 대화하면서도 서로의 속마음을 보지 못하는 까닭으로 서로를 속이고 이용하면서 살아왔다. 인간이 누구나 오늘일, 내일 일을 알 수 있는 그 날이 오기 전까지는 눈으로 볼 수 없고 확인할 수 없는 위대한 신, 부모 조상님을 이용한 사기행위는 지속될 것이다.

한 치 앞에 닥칠 사고와 죽음을 모르고 아침에 일어나 저녁이 되기까지 그날의 일을 모르는 사람이 과거와 미래, 지구와 우주, 무형 세계를 안다고 말하는 것은 아무런 의미가 없다. 나는 속이는 사람도 나쁘지만 속는 사람이 죄가 더 크다고 말한다. 속고 이용당하는 것은 욕심 때문에 당하는 것이기 때문이다. 많은 돈을 들여 거대한 의식을 한 사람들은 의식을 한 후에도 자신에게 좋은 일이 생기지 않으면 그제야 많은 돈을 들여 죽은 사람의 한풀이 한 것이 사실인지 아닌지 알고 싶어 한다.

60대 김명자가 상담받으러 와서 내게 물었다.

"돌아가신 부모님이 좋은 곳에 못 가면 살아있는 자식들을 찾아와 해코지 하나요?"

"왜 돌아가신 부모님이 살아있는 자식들에게 해코지한다고 생각하십니까?"

"남편이 교통사고로 죽었는데 남편이 죽은 후 회사도 잘 안 되고 자식들도 아프고 안 좋은 일이 생겨 죽은 사람을 좋은 곳으로 보내준다는 곳을 찾아가 5,700만 원을 들여 좋은 곳으로 보내주는 의식을 했는데 하고 난 후에도 계속해서 안 좋은 일이 생기니 좋은 곳으로 못 갔는지 알고 싶습니다."

"죽은 사람이 좋은 곳으로 갔는지 못 갔는지는 본인이 직접 확인하는 것보다 더 확실하고 정확한 것은 없습니다. 본인이 직접 남편에게 물어보세요."

"죽은 사람에게 어떻게 물어봅니까?"

"왜 죽은 자와 대화가 안 된다고 생각하십니까? 남편에게 대화하고 싶다고 말해 보셨습니까?"

"남편이 죽었는데 귀신이 있기는 있습니까?"

"귀신이 없다고 생각한다면 5,700만 원을 들여 좋은 곳으로 보내준다는 의식은 왜 하셨습니까? 5,700만 원이라는 돈이 그까짓 것하는 돈입니까?"

"아닙니다. 회사도 잘 안 되고 은행 빚도 많고 어렵게 삽니다."

"손님은 중학교 공부는 하셨나요?"

"저는 초등학교밖에 못 나왔습니다."

"예, 그렇군요. 중학교 정도만 공부해도 5,700만 원을 주고 죽은 사람을 좋은 곳으로 보내준다는 의식은 하지 않지요. 중학교 공부를 못하셨으니 제가 이해가 잘되도록 설명해 드리겠습니다."

"모태 속에 있는 태아가 어려움과 고통받는 인간을 어려움과 고통 없이 잘 사는 곳으로 보내줄 수 있나요?"

"모태 속에 있는 태아가 어떻게 인간을 도와주고 좋은 곳으로 가게 할 수 있나요? 제가 초등학교밖에 못 나왔어도 그 정도는 압니다. 말도 안 되는 질문은 왜 하시나요?"

"모태 속에 있는 태아가 인간을 어려움 없이 잘 사는 곳으로 보내준다는 것이 말도 안 된다고 하시면서 인간이 신을 좋은 곳에 보내준다는 것은 말이 되셔서 하셨나요? 그리고 귀중품을 누군가에게 보낼 때는 등기나 택배로 보내고 잘 갔는지 꼭 확인합니다. 5,700만 원을 들여 의식을 해 놓고 죽은 자가 좋은 곳으로 갔는지 확인도 안 해본 것은 손님밖에는 없을 것입니다."

"확인하는 방법이 있나요?"

"죽은 자와 대화를 해보면 알 수 있지요."

"어떻게 죽은 자와 대화를 하나요?"

"수행하면 죽은 남편과 대화할 수 있습니다. 남편과 대화하는 것은 김명자 손님만이 할 수 있고 남편인지 아닌지도 본인만 알 수 있지요."

김명자는 지천기 수행으로 남편과 대화를 했고 좀 더 일찍 알았더라면 어려운 형편에 거금을 들여 말도 안 되는 의식을 하지는 않았을 것이라고 말했다.

모태 속에 있는 태아가 인간을 불러도 인간은 들을 수 없다. 들었다고 해도 태아의 말대로 인간이 행동할 이유는 없다. 인간은 모태 속 태아와 같고 신은 인간과 같다. 모태 속 태아가 인간을 오라 가라 할 수 없고 인간의 한을 풀어줄 수 없는 것처럼 인간이 신을 오라 가라 할 수 없고 한풀이도, 좋은 곳으로 보내줄 수도 없다. 모태 속과 인간 세상이 차원이 다르듯이 인간과 무형 세계의 신은 차원과 격이 다르다.

모태 속 태아가 아무리 똑똑해도 인간 세상의 일은 알 수 없다.

모태 속에 있는 태아가 인간 세상의 일을 알려면 인간과 대화를 해 봐야만 알 수 있다. 인간이 무형 세계의 일을 알려면 무형 세계에 사는 신과 대화를 해 봐야만 알 수 있다. 지천기 수행을 하면 누구나 돌아가신 부모님, 조상님 신과 만나 대화하고 신이 사는 세계를 알 수 있다. 긴 역사를 내려오면서 무형 세계를 눈으로 보고 확인할 수 없었으나 눈으로 보고 확인할 수 있는 방법이 찾아진 것이다.

내 부모는 나만이 알 수 있고 자식이 애타게 부르고 찾는데 자식이 부르는 소리를 듣고 대답 안 할 부모는 없다. 인간이 모르는 것은 돌아가신 부모님 신에게 물어보면 모두 알 수 있다. 남은 나를 속여도 부모님은 나를 속이지 않는다. 남의 힘을 빌리면 많든 적든 돈을 내야 하지만 무형의 부모님은 나에게 돈을 요구하지 않는다.

앞으로는 몰라도 현재 전 세계적으로 내가 찾은 수행법보다 더 쉽고 빠르게 죽은 자를 만나 대화하는 기술은 없다고 본다. 어떤 방법이 되었든 죽은 부모님과 대화한 사람들은 아침에 일어나 저녁이 되기까지 그날에 될 일을 알 수 있으므로 자신과 가족의 앞일을 대비하면서 지혜롭게 산다.

돌아가신 부모님과 대화하는 것은 각자 자신만이 할 수 있다. 그러나 아직도 돌아가신 부모님과 대화하는 길이 있다는 것을 알지 못해 작게는 몇백만 원에서 많게는 수억, 수십억 원을 들여 한풀이를 해 주거나 죽은 자를 좋은 곳으로 보내준다는 곳을 찾는 사람들이 있어 매우 안타깝다.

내가 사람을 시켜 실험한 내용이 있다. 보육원에서 자라 자신의 부모가 누구인지, 성이 무엇인지 모른다며 부모가 누군지, 부모의 성씨를 찾아준다고 소문난 곳을 찾아 물어보게 했다. 그 결과 가는 곳마다 알려주는 성씨가 모두 달랐다. 가짜로 이야기를 만들어 물어 보는 것을 알아야 하는데 그것조차 아는 곳이 단 한 군데도 없었다.

순리대로 사는 것은 부모님 뜻대로 사는 것이다. 부모님 뜻대로 사는 것이 좋은 운을 받는 것이다. 이제 남에게 그만 속고 그만 이용 당하자. 2~3살 어린 아이에게는 부모만 있으면 된다. 다른 것은, 다른 사람은 필요 없다. 2~3살 어린아이의 심정으로 돌아가 그리운 부모님 만나 대화하여 근심·걱정 없이 행복하게 살자.

세상 살기 어렵고 힘들어도 사랑하는 가족이 있으므로 용기를 낼 수 있다. 지천기 수행을 하면 화산같이 솟아나는 지혜와 희망을 얻게 된다.

[도움이 되고 기억해야 하는 말]

◎ 사람이 믿든 안 믿든, 눈에 안 보이는 재수와 기운에 의해 살고 죽는다.

◎ 원인 없는 결과는 없다. 눈에 안 보이는 것은 원인이고 눈에 보이는 것은 결과이다. 부모조상님은 원인이고 자식과 후손은 결과이다. 부모조상님들의 한이 있는지 없는지 사람이 살아가는 것을 보면 알 수 있다.

◎ 사람들은 자신의 생명이 자기 것으로 착각하고 있다. 임산부가 낙태하고자 할 때 모태 속 태아에게 물어보고 하지 않는다. 모태 속 태아가 죽고 사는 것이 인간에게 달려 있듯이 인간이 살고 죽는 것은 부모님 신에게 달려 있다.

◎ 자기 생명의 주인을 만나보고 알게 되면 사막에 있던 고래와 상어가 바다를 만나는 것과 같다.

◎ 사람도 선인과 악인이 있듯이 신도 선한 신과 악한 신이 있다. 믿고 정성을 들이는데도 병으로 아프고 가난하게 살고 불행한 일을 당하는 것은 선한 신과 악한 신을 구분하지 못하고 기도정성을 들이기 때문이다.

하루만 기도정성을 들여도 변화가 있는데 기도정성을 열심히 들여도 변화가 없다면 자신의 기도정성이 어디로 가는지 확인해 봐야 한다.

짝사랑 기도정성은 이제 그만하자. 1만 원짜리 물건도 등기나 택배로 보낸다. 기도정성도 등기나 택배로 보내야 한다.

◎ 순리대로 살지 않으려면 결혼을 하더라도 자식을 낳지 마라. 부모 가슴속에 비밀과 부끄러움, 부모의 말과 행동은 모두 자식과 후손들에게 상속된다.

사람들은 자식과 후손들의 장래가 밝고 잘되기를 바라면서도 자식과 후손을 불행하게 만드는 말과 행동을 하는 경우가 많다.

◎ 살아가면서 사고와 불행한 일을 당하지 않고 병으로 아프지 않고 부자로 잘 사는 것은 부모 조상님이 쌓아 놓은 공덕이 많기 때문이고, 사고와 불행한 일을 당하고 병으로 아프고 가난하게 사는 것은 부모 조상님의 죄업 때문이다.

◎ 살아가면서 인간(선인)과 짐승(악인)을 구분할 줄 알아야 한다. 사람은 약속을 지키고 짐승은 약속을 지키지 않는다. 사람은 인사하고 짐승은 인사하지 않는다.

◎ 선인은 부모님을 자신의 생명같이 생각하고 악인은 부모님을 자신의 몸종, 노예같이 생각한다.
선인은 세상에 여자를 자신의 어머니처럼 생각하고 악인은 세상에 여자를 성적대상으로 생각한다.

◎ 선한 부부는 가슴속에 비밀과 부끄러움이 없는 것을 자랑스러워하고 악한 부부는 가슴속에 비밀과 부끄러움이 많은 것을 자랑한다.

◎ 남을 행복하게 해 주는 사람의 후손은 부자로 행복하게 살고 남을 불행하게 만드는 사람의 후손은 가난하고 불행하게 산다. 이것이 대자연의 순리다. 하늘은 선이다.

◎ 시간에 쫓기며 바쁘게 사는 사람, 세상과 남을 비방하는 사람, 세상일을 잘 안다고 말하는 사람은 가난하게 살고 오늘일, 내일 일을 모르고 자신 몸속에 생기는 병을 모른다. 약 먹고 병원에 가는 것이 부끄러운 줄 모른다.

◎ 한 치 앞에 닥칠 앞일과 사고와 불행한 일을 아는 사람은 세상과 우주와 신의 세계를 안다고 말하지 않고, 한 치 앞에 닥칠 앞일과 사고와 불행한 일을 모르는 사람은 세상과 우주와 신의 세계를 안다고 말한다.

◎ 우리는 앞일도 모르면서 설마하다가 931번의 침략과 학살을 당했다. 앞일을 모르는 사람이 사는 것은 도시 수족관에서 횟감용으로 나가기 위해 대기하고 있는 물고기 신세와 같다.

◎ 음식을 가려서 먹어야 몸이 건강하듯이 사람도 가려서 만나야 한다. 다음과 같은 사람과는 결혼, 동업, 친구, 비서, 경호원, 운전기사로 쓰면 안 된다. 서로 원수가 되거나 가슴에 한을 남기고 후회하게 된다.
  - 약속을 정확히 지키지 않고 늘 변명하는 사람
  - 남의 약점을 찾아내어 비판, 공격하기 좋아하는 사람
  - 힘든 일은 핑계 대며 빠지고 먹는 일에는 앞장서는 사람

◎ 태양빛과 바람이 있는 곳에 습기와 곰팡이가 생기지 않듯이 사람의 마음속에 비밀과 부끄러움이 없으면 몸에 병이 생길 수 없다. 인간의 천적은 병균, 병균의 천적은 00이다.

◎ 앞으로는 로봇이 인간보다 상상력과 창의력이 더 뛰어나고 감정도 더 뛰어난 로봇이 되고 로봇이 로봇을 만들게 된다.
로봇 세상이 되면 인간의 성씨와 국가가 없어지는 일이 생긴다.

◎ AI 로봇은 인간의 부모와 같이 자식을 위해 희생하지 않는다. 순리 순행 질서대로 사는 자만이 로봇의 주인이 될 수 있다.

◎ 물고기가 강과 바다에 살면서 물이 있어야 산다고 하듯이 인간이 찾고 바라고 원하는 모든 것이 자신 안에 있는데 '돈, 돈' 하면서 돈이 있어야 산다고 한다.

◎ 세상에서 아무리 돈이 좋고 귀해도 관속에는 못 가지고 간다. 너도나도 온 길과 가는 길이 같다. 돈 자랑, 힘자랑하지 말고 살자.

◎ 성공한 개인, 행복한 가정이란 순서대로 태어나서 순서대로 세상을 떠나는 것이다.

◎ 로봇세상, 우주 끝을 가는 세상이다. 과학기술은 지금부터가 시작이다. 그런데 정신세계는 아직 시작도 하지 않았다.

생각하는 대로 된다.

- 기적을 만들어내는 부모의 힘

초판 1쇄 발행 | 2013년 5월 10일
개정증보판 1쇄 발행 | 2015년 6월 10일
개정3판 1쇄 발행 | 2025년 8월 12일

지은이 | 일월
펴낸이 | 김선곤
편집·디자인 | 해바람 design

펴낸곳 | 정환
주소 | 강원도 횡성군 우천면 하대길 454
전화 | 010-9330-1668
팩스 | 02-6974-1504
등록번호 | 제324-2013-000002호 (2013년 1월 8일)

ISBN 978-89-98748-01-2 (03190)
정가 18,000원

이 책의 저작권은 저자에게 있습니다.
저작권법에 의해 내용의 일부를 인용하거나 발췌하는 것을 금합니다.
ⓒ 2025 일월